大学生『人生』丛书

环境与人生

刘向前 著

江苏大学出版社
JIANGSU UNIVERSITY PRESS

镇 江

图书在版编目(CIP)数据

环境与人生 / 刘向前著. — 镇江：江苏大学出版
社，2020.12
ISBN 978-7-5684-1501-9

Ⅰ. ①环… Ⅱ. ①刘… Ⅲ. ①高等学校－思想政治教
育－研究－中国 Ⅳ. ①G641

中国版本图书馆 CIP 数据核字(2020)第 245535 号

环境与人生
Huanjing yu Rensheng

著　　者/刘向前
责任编辑/汪　勇
出版发行/江苏大学出版社
地　　址/江苏省镇江市梦溪园巷 30 号(邮编：212003)
电　　话/0511-84446464(传真)
网　　址/http：//press.ujs.edu.cn
排　　版/镇江市江东印刷有限责任公司
印　　刷/江苏凤凰数码印务有限公司
开　　本/718 mm×1 000 mm　1/16
印　　张/13
字　　数/230 千字
版　　次/2020 年 12 月第 1 版
印　　次/2020 年 12 月第 1 次印刷
书　　号/ISBN 978-7-5684-1501-9
定　　价/45.00 元

如有印装质量问题请与本社营销部联系(电话：0511-84440882)

大学生"人生"丛书
编写委员会

编委会主任：王宇航
编委会成员：李晓娟　赵春珍　刘向前
　　　　　　施周婷　罗倩莹

序

    大学生思想政治教育（德育）和心理健康教育（心育）是高校素质教育的两个重要方面，随着社会的发展、竞争的加剧，大学生良好的心理素质和健康的思想品质显得尤为重要。如何将德育与心育有机结合，并探索出一条使之成为相互渗透、相互补充和相互促进的统一体的途径，是高校教育工作者的题中应有之义。

    《教育部、卫生部、共青团中央关于进一步加强和改进大学生心理健康教育的意见》中指出："加强和改进大学生心理健康教育是新形势下全面贯彻党的教育方针、推进素质教育的重要举措，是促进大学生健康成长、培养高素质合格人才的重要途径，是加强和改进大学生思想政治教育的重要任务。"为了切实解决实际教育教学中遇到的"思想"和"心理"相互交织、相互影响的问题，进一步发挥教育教学效果的最大化和最优化，我牵头组织学校心理健康教育与咨询实验中心、德育心育研究所教师撰写"人生"系列丛书，旨在凝练学校思想政治教育与心理健康教育相结合的特色，丰富教育内容，促进教学研究，帮助学生进一步提高心理素质、健全人格、增强承受挫折、适应环境的能力。

    丛书秉承思想政治教育和心理健康教育相结合的宗旨，围绕"德育心育"主题进行编写，坚持"德心结合"的特色，根据学校、学生的实际情况，在结合思想政治教育和心理健康教育课程的基础上，将丛书分为三个方向：一是"思想品德"方向，以德育内容为主导思想撰写书稿，旨在指导大学生正确价值观的树立，并结合心育内容帮助其提升心理能力，从而更好地赢取人生；二是"心理特性"方向，以心育内容为主导思想进行写作，意为加强大学生优良心理品质的养成，并结合德育内容帮助其优化价值观念，进而更好地成就人生；三是"外界因素"方向，以德育结合心育为主导思想贯穿始终，对人生的重要主题进行思想观念和心理理论的分析论述，说明处理好这一问题的重要性，并指导大学生对此做好准备。整套丛书贴近学生、贴近生活、贴近实际，不仅可以作为高校学生通识课程教材，也可作为各级各类学校教师教育教学参考用书，同时还能作为大众的普通学习读物。

在整套丛书的撰写过程中，我们始终坚持融合性、科学性和实用性这三个原则。这是这套丛书最大的特色，也是这套丛书的特殊价值所在。

（1）融合性。每一本书除了在选题上体现"德心结合"的特色外，在内容上也坚持德育融合心育的原则。在写作方法上做到相互论证。例如，以实际数据、实验结果来论证和解释生活现象、教育成果；在价值引领上做到相互结合。例如，以自我发展的心理要求结合社会发展的道德要求进行教育指导；在教育理念上做到相互补充。例如，补充心育的伦理要求、伦理需求层面和德育的个体需求层面。三个方面相互融合的目的是力争让读者获得"德心结合"的优势指导，提高丛书内容的实效性。

（2）科学性。每一本书都会涉及一些心理学专业科学知识，而我们的阐述和解释可能跟读者的亲身经历和感悟理解不尽相同，但是我们所有的材料都是以专业心理学研究为基础的，是尊重心理学者们的研究成果的，并以此为依据进行各类问题的探讨，用通俗易懂的语言进行表述，目的是让读者能够近距离接触和理解心理学研究。在不同的书中，甚至是在同一本书中会出现对一个知识点的类似阐述，但是实际内涵却不一样。例如，同样一个心理学定律，在人际沟通和生活态度中的解释是有所不同的，读者需要加以留意。

（3）实用性。每一本书都讲求解决读者，尤其是大学生读者日常生活中面对的实际问题。虽然每本书中都会涉及一些思想政治教育学和心理学的基本理论知识，但是我们的重点始终是围绕如何利用"德心结合"的方法改变自己的心理、行为，从而改变自己的生活状态乃至人生展开的；在写作安排上也结合了生活案例来剖析理论，并且给出了实训活动来突出理论的实际可操作性，所以整套丛书都侧重实际应用，尽最大努力保证内容的实用性。

　　我们按计划持续推进丛书的撰写及出版工作，读者朋友们将会陆续阅读到我们的作品，希望我们的努力能够让您满意，也希望您能对书中的不足之处提出宝贵意见。

王宇航

2019 年 5 月

环境是人类生存和发展的条件，马克思说："人天生就是社会的生物，那他就只有在社会中才能发展自己的真正的天性。"任何个体的成长都离不开环境的影响，不受环境作用的个体是不存在的。在思想政治教育过程中，环绕着的环境不仅对思想政治教育的主体、客体产生作用，而且影响着思想政治教育的目标、内容和方法，以及全过程。研究思想政治教育的环境，有助于全面和动态地分析思想政治教育，从而增强思想政治教育的实效性。

美国斯坦福大学前任校长在开学典礼上做了如下致辞：这些长廊连同它们的华贵的圆柱，也将对学生的培养教育起到积极的作用，每块砌墙的石头必定会给学生以美和真的熏陶。历史证明，斯坦福大学能成为世界著名学府，其校园建筑所起的作用功不可没。

大学校园会对大学生产生不可估量的影响。季羡林先生对清华大学有这样的描述："每次回到清华园，就像回到我母亲的身边，我内心深处油然升起幸福之感。在清华的四年生活，是我一生中最难忘、最愉快的四年。""清华园像一首美丽的诗，它永远占据着我的心灵。"无独有偶，伟大的数学家、微分几何之父陈省身教授在离开南开大学多年后也深情地回忆道："我最美好的年华是在南开度过的，她给我留下许多美好的回忆。"当年杨振宁先生在云南师范大学访问时向随同人员提出要求，允许让他一人在西南联大原址上复制的一间教室里静坐一会儿，20多分钟过去了，杨老先生还没有出来。于是陪同人员推门而入，只见杨老先生泪流满面地沉浸在对往事的追忆中。哈佛人说：人不可以选择自然的故乡，但可以选择心灵的故乡。人们把大学视为使自己魂牵梦绕、追忆不止的心灵故乡，从而对大学滋生出"你无论走得多么远也不会走出我的心，就像黄昏时刻的树影拖得再长也离不开树根"这般永远不离不散的情愫。

正如季羡林先生所说：一个大学的历史存在于什么地方呢？在书面的记载里，在建筑的实物上，当然是的；但是，它同样也存在于人们的记忆中。他认为记忆虽然是有限的，但作为一种存在，记忆更具体，更生动，更动人心魄。然而大学留给人的记忆何以更深刻，以至于挥之不去？我的解释是：大学记忆留给人的不仅是往事昔人而是弥久不散的大学环境和文化。

《环境与人生》作为大学生"人生"系列丛书中的一本，立足于高校，以环境与育人的相互关系为主线，探讨了环境因素影响的自发性与育人的自觉性的关系，探讨在时代发展中如何优化环境以增进思想政治教育的实效，更是探讨作为受教育者的大学生如何参与创设更优的教育环境助力自身的成长，为实现人生理想奠定基础。

概括而言，本书的特点表现为基础性、系统性、理论性和实证性并重，力求全面反映本领域最新动态。本书共8章。

第1章"学校即社会——环境与人生导论"是本书的开篇章节，该章节首先界定了"环境"在本书中的概念及环境育人的概论，然后展示了古今中外德育环境的完整画卷，并且落脚到了高校育人环境。

第2章"以人为本——增强服务意识"主要引导读者了解我国高校服务育人的实践历程，创设良好的服务育人环境，在人才培育中提高大学生的服务能力，最重要的是如何让学生在服务中成长有较多的着墨。

第3章"以文化人——涵育良好品行"从文化环境的结构、功能入手，阐述了校园文化与育人之间的关系，在如何发挥文化教育功能和涵育大学生良好品行的具体实践方面提出了有效的措施。

第4章"以网为器——树立网络思维"梳理分析了网络育人环境理论，从学校和学生两个角度、网络治理和网络素养两个途径，探讨切实创设良好网络育人环境发挥育人功能的新构建。

第5章"以德润行——发挥先锋作用"紧密结合了组织育人环境这个比较新颖的概念，并进行了进一步的阐述，着重在发挥大学生"三自"功能和勇担先锋责任上提供了一些建设性意见和建议。

第6章"以爱为冕——培育健康心态"对校园心理育人环境的特点、功能及建构策略做了分析，从积极心理学的角度对大学生健康人格的形成明晰了较多的实现路径，特别是把所在高校实践 10 多年且行之有效的案例进行了分享。

第 7 章"以情暖心——激发感恩品质"介绍了资助育人环境的内涵、现存问题和创新路径，如何在新时期扶贫形势下实施精准资助，着重在"扶志"和"扶智"以及大学生励志感恩教育方面做了一些探讨。

第 8 章"行是知之始——抒写家国情怀"着眼实践育人环境的创设、运行机制的优化，提出可操作的工作途径，并对风华正茂的大学生在这千载难逢的际遇，发出书写人生华章倡议，在实现"中国梦"中抒写家国情怀。

本书在撰写过程中，结合了自身的实践工作经验，参阅了大量书刊资料和相关论著，在此谨向原作者致以衷心感谢！特别感谢浙江财经大学原党委副书记、大学生"人生"系列丛书编委会主任王宇航教授，她从倡议、选题、统筹及审定等方面为丛书的出版付出了极大的精力，也为本书提出了许多宝贵的意见和建议。同时，由衷感谢我校心理健康教育与咨询实验中心，以及德育心育研究所在本书撰写过程中给予的大力支持，感谢所有在撰写中提供帮助的人，并预先感谢所有翻阅本书的读者！我相信，通过阅读本书，读者将会比较全面地认识到环境与人生的关系和作用机制，了解相关理论和实证研究成果，进而更深入地开展相关研究，或者更好地在实际工作与生活中应用本书的研究成果。

本书可作为各级各类学校思政政治教育教学的参考用书，也可作为高校大学生适应性教育课程的通用教材，同时还能为高等教育部门提供相关教育决策。书中难免存在不足之处，挂一漏万，望广大读者提出宝贵意见，以便再版时修改和完善。

刘向前

2020 年 8 月

目 录

CONTENTS

第三章💙
以文化人——涵育良好品行 / 46

第六章♥

以爱为冕——培育健康心态 / 111

第七章♥

以情暖心——激发感恩品质 / 146

第一章　学校即社会

——环境与人生导论

> 学校应该成为一个小型的社会，一个雏形的社会……应该
> 简化和整理所要发展的倾向的各种因素，把现存的社会风俗纯
> 化和理想化，创造一个比青少年任其自然时可能接触的更广阔、
> 更美好的平衡的环境。
>
> ——约翰·杜威（美）

一、环境育人概论

（一）马克思主义关于人与环境关系的理论

有关人与环境之间存在的关系，学术界早有研究。马克思于 1845 年在《关于费尔巴哈的提纲》中，便科学论述了人与教育、人与环境之间存在的关系，这也充分奠定了后人对这几种关系的认知的基础；其中，还科学定位了人的发展过程中，环境、教育等因素所起到的关键作用。人与环境之间存在辩证统一关系，不仅仅表现为人是主体、环境是客体的改造过程，更是环境能够作用于人，主客体两者之间可以互相影响、辩证统一的过程。在其中，人实现了主动顺应环境和不断改造环境的目标，两者之间形成了共同发展的关系。

1. 环境对人的影响

环境对人的影响主要表现在两方面：一方面在于环境直接对人的主观世界起决定性作用。以马克思主义理论观点为依据，人的主观想法会随着其所处的客观环境的改变而改变，人自身情感的发展也在很大程度上受客观环境

的影响及制约。另一方面在于客观环境的复杂多样性能够让人的思想观念具有复杂多样性。人生活在不同的环境中，具备社会性，因此思想观念的变化，反映出人受社会环境变化的影响。在社会不同发展阶段中所形成的理论、观念、思想等也存在一定差异。

2. 人对环境的改造

马克思主义不仅提出了环境对人的影响及制约作用，同时也重视人与环境之间的相互作用，并指出人具有主观能动性。在环境面前人绝非单纯地处于完全被动状态，人能够形成对所处环境的正确认知并改造环境。因此，环境与人之间存在相互关系，人类创造了教育活动，教育可以改造环境。教育者需要以教育目标为依据，有意识且有计划地选择环境，并对环境充分利用和主动改造，从而创造出适合主体的客观环境。

（二）当代中国马克思主义者关于环境育人的思想

1. 毛泽东——能动地创造环境

当代中国共产党人关于环境的育人理念，是马克思主义有关环境思想的创新，具备中国特色，更好地传承了马克思主义思想。毛泽东同志传承了马克思主义理论中界定环境决定人、人可创造环境这一思想，并把环境划分为政治环境、经济环境、文化环境。马克思主义中的环境观主要指的是满足经济基础及上层建筑物能够均衡发展需求的社会系统环境，但未明确划分环境，也尚未指出不同环境对人的不同程度的影响作用。毛泽东在此基础上认为，政治环境、经济环境、文化环境三者之间互相联系，彼此制约，建设政治环境是核心工作，但对于文化环境的渗透作用，以及经济环境的决定性功能仍然需要重视。

2. 邓小平——切实做好，紧抓不放

邓小平在继承马克思主义环境理论和毛泽东思想后提出新的发展观点，邓小平认为物质经济利益是环境的良性发展及各项活动能够顺利开展的前提。所以邓小平说："不重视物质利益……对广大群众不行，一段时间可以，长期不行。"另外，邓小平还强调了政治环境稳定。邓小平关于育人环境的划分及其辩证思想，继承了"人创造环境"这一观点，并将此作为我国思想道

德建设及改革开放的指导思想。除此之外，邓小平还指出应当看重育人工作，坚决吸取教训，重视具体环境来更好地育人。

3. 习近平——以文化人、以文育人

习近平同样继承并发展了马克思主义环境理论，重视育人过程中环境的重要作用，并且认为需要加强对社会环境的治理，让社会风气更好。习近平以"文"为载体，以"化""育"为途径，以"人"为核心，做出了一系列关于以文化人、以文育人的重要论述，更是提出了构建人类命运共同体的大环境观。习近平重视舆论环境建设，认为舆论环境对我国社会发展起重要作用，尤其指出了"网络是重中之重"，认为要正确引导新闻舆论导向，始终保持正确的政治方向，对社会公众形成积极影响，在一定程度上净化并提升社会风气。习近平认为，社会环境对学生的思想政治、道德、素质教育均有重大影响，并指出提升大学生思想政治素养水平需要对社会实践更加重视。习近平认为，本领并非天生，而是经过后天学习和实践来获得的。与此同时，青年学生需要坚持学以致用，深入基层，在社会这个大学校中不断历练；青年学生实践活动的开展不应与社会脱离，实践活动需要重视社会性。除此之外，习近平还对师德十分重视，认为师德对于学生的成长发展至关重要。

根据以上论述能够看出，环境与人两者之间相辅相成。

（三）中国传统文化孕育环境育人思想

我国上下五千年的文化传承源远流长，诸多代表性思想都对环境育人这一理念有着充分的论述，奠定了环境育人思想的历史文化基础。孔子说："德不孤，必有邻。"其意为只有具备良好品行的人才不会孤单，必定有志同道合的朋友。所以儒家思想认为，自身修养的强化十分重要，并主张应当遵循道德原则，始终坚守道德底线，经过不断努力把自己塑造成为仁义道德之人。

在学校中，人和事都会对学生发展和成长产生不同程度的影响。育人环境庞大且复杂，不仅包括直接影响，即受教育的现实环境，更包括间接产生作用的客观因素，譬如自然环境和改造后的环境。对于校园环境、风貌来讲，积极向上、朝气蓬勃的校园，不仅是大学生的生活学习场所，更是进一步促

进学生成长的关键场所。无论是校园的设备、环境，还是文明和谐的人际关系，都不同程度地影响学生的成长与发展；无论是可视的环境设施，还是无形的制度环境、网络环境及人文环境，都是育人所必备的基础条件。需要为大学生营造具备朝气活力的环境，更需要重视培养学生的实践创新能力，培养学生的道德素养水平，通过将道德教育融入建设校园文化进程中，实现教育抽象化转变为生活具象化，进而实现潜移默化的环境育人。

二、 德育环境思想

学校德育工作肩负了发展、传承精神文明的关键职责，尤其承担着全民道德建设的重大历史使命。随着社会的发展，政治、经济、文化等社会环境对学校德育教学影响的程度逐渐加深。由此，优化社会环境也逐渐成为学校德育工作的预期目标和培育社会发展所需复合型人才的关键途径。任何个体都与所在环境密切相关。在教学活动中，学校环境虽然不是学生德育的内部关键要素，但是却是德育之外的客观条件，在很大程度上对学生德育观念的形成起决定性作用，它影响了德育对象的思想及行为，并对德育工作目标、内容、方法及成效等多方面均有影响。所以，在开展教学时应当重视为学生创造良好的德育环境。除此之外，还需要重视德育环境所具备的动态性、社会性和客观性的特征，同时德育环境还具备时空性。德育环境的时空性就是无法脱离空间、时间，不同的时空会形成不同的德育环境，因此对于德育环境的研究，应当密切联系我国目前所处的社会实际。

环境这一概念比较宽泛且多变，包罗万象，是多层次及多要素共同构成的复杂系统，实际来讲是与某一集体、组织或个人产生联系的全部外部条件的综合。广义层面的德育环境是指对德育活动造成影响作用的多种外在条件因素总和，包括实施德育教学活动所处的社会大环境，以及受教育对象所处的小环境。环境对于德育教学来讲不仅是开展德育活动的外在条件，更是德育作用改造的主要对象，对于德育教学系统多要素甚至整个德育活动均有极大影响。德育环境是德育教育的主要作用对象，任何变化都是德育能动作用的充分体现。因此，德育环境、德育教育两者之间是互相依存且影响制约的对立统一关系。环境是德育教学活动开展的基础要素，同时也是直接影响德育教学活动的关键依据，更是影响德育最终成效的重要因素。

环境不仅是人类社会实践活动的主要对象，更为人类的生存发展提供了重要的条件。马克思主义认为：人是展开一切社会活动的主体，无法脱离社会物质条件来生活。因此，人类生存的不同环境包括社会关系、物质条件，影响着人的思想观念、道德发展，甚至可能起决定性作用。再加上人本身具备一定的主观能动性，能够自觉依照客观事物规律，积极创造更加有价值的环境，推进人的良好发展，因此在一定程度上增强了德育教学的整体效果。所以，需要基于社会意识本身和社会意识对于社会的反作用的两个角度，对德育环境展开研究，分析把握德育与环境两者之间的辩证关系分析把握，进一步推进德育理论研究。

改革开放已四十多年，基于该层面展开对德育环境的研究尤为关键。随着改革开放和建设事业的良好发展，我国各领域变化均较大，这种变化在某种意义层面上即环境变化。环境变化能够引发人们的思想意识认知产生更大的变化，并不同程度地影响道德教育的目标、内容和方法。应开展和加强对学校德育环境的研究，面对产生的新问题，应结合具体情况让德育教学活动与社会实际环境更加贴近，拉近德育与受教育主体之间的距离，提升德育教学的针对性和受教育主体的主动性，增强德育的时代感。进入新时期，社会历史条件出现深刻变化，世界经济一体化趋势推动了世界政治格局的转变，我国逐渐建立了社会主义市场经济体制，社会经济水平逐步提升。正视德育教学活动的任何问题和情况，保证德育教学活动与受教育对象的生活实际更加贴近，是目前新时期学校开展德育的关键课题。

道德教育处于多要素、多层次且动态化开放性环境内，已经发展成为社会意识形态的关键组成部分，因此必然会受到不同环境的发展制约。我们讲德育应当与教学实际相联系，还应当与国际变化形势相联系，更应当与学校实际相贴合。一旦与这些实际相脱离，就会脱离德育所处的社会环境，影响德育成效，甚至迷失德育方向，失去原本的价值。邓小平指出："我们是历史唯物主义者，研究和解决任何问题，都无法脱离一定历史条件""那种否定新的历史条件的观点，就是割裂历史，脱离实际，形而上学即违反辩证法"。新时期的当下，面对各方面的新变化，各级学校应当解放思想、与时俱进，更要开拓创新。在学校德育教学工作中，只有德育、环境两者充分联系，才能够在不断变革的社会环境中真正地实现德育与时俱进。

（一）德育环境类型

德育环境，包括德育受教育主体所处的德育教学环境和德育外部活动条件两方面，是对德育教学活动及德育教学思想、行为造成影响的环境的总和。从一定层面来讲，环境主要包括自然、社会、精神三大环境。想要实现人的良好发展，就无法与自然环境脱离，相较自然环境，社会和精神环境的作用更加重要。由于人是多层社会关系的总和，因此人的思想能够反映社会主观认知。正如马克思、恩格斯所提出的："意识在任何时候都只能是被意识到的存在，但人们存在就是他们的现实生活过程。"这里所讲的德育环境，其类型可以根据影响范围、环境性质、环境状态及环境内容来划分。

1. 根据影响范围划分

根据影响范围，德育环境可以划分为宏观、中观、微观三个层面。宏观环境，也被称为大环境，指占据总领地位的政治、经济、社会及文化心理，更是对人们思想行为及德育造成影响的社会环境；中观环境，指个人德育及思想行为的特殊背景，更包括人本身产生的社会思想及大众传媒因素；微观环境，也被称为小环境，通常指与人类活动相关的局部活动因素，譬如生活、家庭、学校等。德育环境无论基于宏观、中观还是微观层面，都会随着人类社会活动的变化而发生改变。总体来讲，宏观环境会深度且较为全面地影响人的思想行为，中观环境会较为持久地影响人，微观环境则会深刻且具体地影响人的思想行为。虽然三种环境会不同程度地影响人的思想、行为，但同时三者之间也形成互相结合、影响、作用的关系，会对德育主体的思想行为产生综合教育影响。

2. 根据环境性质划分

根据环境性质，德育环境可分为良性环境和恶性环境。

德育环境一直以来都是不断变化的，对人本身的思想品德及德育教育有一定积极作用的环境，即良性环境；反之，阻碍德育教育的环境即恶性环境。它们客观存在并不以人自身的意志力为转移，因此环境性质对德育教学主体的影响也始终是教育者关注的热门话题。自古至今，我国都极为重视开展德育活动的环境要素。但是两者划分并非绝对固定，在一定条件下能够互相转变从而获得不同的教育成效。在我国经济水平稳步提升与个人发展空间逐渐扩大的当下，德育环境也有所改变。

3. 根据环境状态划分

根据环境状态，德育环境可分为开放式环境和封闭环境。

在德育教学活动中能够和外界信息沟通交流并实现行为互换的环境，称为开放式环境。开放式德育环境又可以划分为对外开放、对内开放、全局开放、局部开放、生活开放及心理开放等类型，由此形成了差异化开放德育环境，这也决定了开放环境的动态化发展。在德育活动中并未与外界联系，也尚未与外界展开必要思想交流的环境，称为封闭环境。

4. 根据环境内容划分

德育环境按内容可分为物质环境和精神环境。物质环境主要指的是人类社会生活中对德育活动产生一切影响作用的物质因素总和，其中包括自然环境、经济环境及一切可物质化的要素。精神环境包括制度、舆论、文化等环境。社会制度环境，是社会各阶层共同创设的环境，譬如资本主义国家、社会主义国家。舆论环境又包括大众传媒、社会舆论两种不同的环境。文化环境是以共同价值观为指导的微观环境。

（二） 德育环境思想简述

1. 中国古代德育环境思想

孔子作为儒家创始人，对于环境在伦理道德教养中的作用十分注重。他从人的道德品质的形成及德行上的差异，看到了道德环境在德育中的主要作用，尤其是人际关系环境，如朋友关系、同事关系、师生关系等人群共同体环境的重要作用。孔子还非常重视家庭、邻里环境对人的影响。孟子是儒家的"亚圣"，他认为客观环境对人的品行有重要影响。他说天下丰足的时候成长起来的青少年之所以大多懒惰，天下大乱的年代成长起来的青少年之所以大多凶暴，是因为受客观环境的影响。只有那些仁人志士，方能做到"富贵不能淫，贫贱不能移，威武不能屈"（《孟子·滕文公下》），从而说明环境对品行培养的重要性。

在中国古代，对于环境作用说得最明白、最系统的当首推大思想家荀子。他说："蓬生麻中，不扶而直；白沙在涅（黑土），与之俱黑，兰槐之根是为芷，其渐（渍）之（溺），君子不近，庶人不服。其质非不美也，所渐者然也。故君子居必择乡，游必就士，所以防邪僻而近中正也。"（《荀子·劝学》）这里的"渐"就是"渗透、影响、熏陶"的意思。人在不同的环境中，就会受不同的"渐"，产生不同的结果，说明环境在一定条件下有决定性作用。但荀子又非常强调人的主观能动性。他把人的善德看作是在一定的客观环境中通过自我选择而逐步积累起来的，而不是天生就有的。人是学好还是学坏，皆取决于自身的取舍。他一方面肯定了环境的作用，另一方面又强调主观能动选择的作用。

其他先秦诸子对于德育环境的理论也提出了若干具有唯物辩证色彩的观点。墨子主张："染于苍则苍，染于黄则黄，所入者变，其色亦变。"（《墨子·所染》）。晏子在论辩中说："橘生淮南则为橘，生于淮北则为枳，叶徒相似，其实味不同。所以然者何？水土异也。今民生长于齐不盗，入楚则盗，得无楚之水土使民善盗耶？"（《晏子使楚》）其中也包含着环境在德育中起决定作用的观点。管子认为，"仓廪实则知礼节，衣食足则知荣辱"，即社会经济条件是美好道德的决定性因素。从唐代的韩愈到宋明程朱理学的信奉者，基本上都是德育环境决定作用的否定论者和教化作用的肯定论者。但也有"夫人之性，犹蓬纱也，在所染而善恶变矣"的观点。王充提出"家问室学"的育人功能，明末的思想家黄宗羲认为学问道德来源于"人伦日用"，王夫之也提出了注重"格物""即物究理"的思想。这些思想和方法中已有了主客互动、实践养成的朴素唯物主义成分。

总的说来，中国古代的德育环境理论大体阐明了生活条件、社会风俗、家庭环境、逆境、榜样、实践活动等诸多因素的地位和作用。这些理论对当今思想政治教育也有一定的借鉴作用。

2. 中国近代德育环境思想

中国近代很多思想家、教育家、革命家对德育环境问题发表了自己的见解，把古代的德育环境论推进到了一个新阶段。太平天国的洪仁玕重视舆论之"风"的作用，强调新道德、新思想要"以风风之"。梁启超对于道德的起源、地位和作用做了较为系统的阐述。他说："德之所由起，起于人与人之有交涉。"他还突出强调了实践、行为、身教在德育中的作用。教育家蔡元培阐明了社会风俗对道德的决定性影响和作用，还突出强调了"美育论"。孙中山先生提出"好国民的德育，必须物质文明与心性文明一齐抓"。李大钊认为，力求用社会存在决定社会意识的原理来观察和解决德育问题的初步尝试在中国近代历史上占有重要地位。陶行知主张知行合一，非常重视环境作用，认为"环境不良，养成了许多错误的习惯，从这些错误出发，必然再造错误"。

（三） 社会环境对学校德育的作用

德育是社会发展中的特定实践活动，随着社会环境的发展而改变；环境承载德育活动，更是开展德育活动的基础，是影响德育活动最终效果的关键信息源。

1. 社会环境激发德育活动的动机

基于马克思主义理论，在社会发展中，人作为社会的存在物，其活动具备一定的目的意识，德育需要以社会经济基础为依据，社会环境激发学校德育活动的动机。时代的经济、政治、文化发展的直接要求使德育不断地往前推进，从文艺复兴以来，教育和德育开始了由宗教化向世俗化转变；资本主义因素的发展和对政治的要求，产生了近代德育的形态；社会的日益复杂和生活的日益多样化，社会的价值体系日益多元化，促使德育主体思考德育对象的个体差异、心理特征、道德判断力等因素对德育的影响；经济发展、政治民主的要求，产生了世界范围的不同水平的义务教育制度，进而产生了普及性的学校德育。

2. 社会环境引导德育目标的制定

学校德育目标的制定并不是学校德育主体主观臆想的产物，社会经济、政治、文化等都将参与学校德育目标的确定。社会环境会随着时代的变化而变化，社会环境的变化必然影响学校德育目标的发展，集中表现为政府对学校德育的干预。如有的国家有统一的德育目标、政策、课程、教科书，甚至有统一的教学目标和教学要求；有的则是有统一的德育方案，主要的德育目标和核心价值；有的是在政策上做简要的规定。我国当前中小学的德育目标是培养学生爱党爱国爱人民，增强国家意识和社会责任意识，教育学生理解、认同和拥护国家政治制度，了解中华优秀传统文化和革命文化、社会主义先进文化，增强中国特色社会主义道路自信、理论自信、制度自信、文化自信，引导学生准确理解和把握社会主义核心价值观的深刻内涵和实践要求，养成良好的政治素质、道德品质、法治意识和行为习惯，形成积极健康的人格和良好的心理品质，促进学生核心素养的提升和全面发展，为学生一生成长奠定坚实的思想基础。高校德育目标是培养又红又专、德才兼备、全面发展的中国特色社会主义合格建设者和可靠接班人。因此，社会环境对学校德育目标的制定具有导向作用。

3. 社会环境提供德育活动开展的材料

对于德育来说，活动动机由环境引发，主体作用于客体的内容来源于环境，活动开展的材料是对环境提供的各种信息进行选择整理、概括提炼的内容。德育活动就是有针对性地了解和消除由社会环境在其发展的过程中出现的各种矛盾而引发的客体思想内部的矛盾、客体思想与社会发展要求之间的矛盾。在学校德育的具体实践过程中，学校德育的内容在一定程度上总是落后于社会现实，随着学校、社区和家庭的联系的日益密切，社区、家庭等已经参与到学校德育活动中，社会环境中的一些新内容也可以有选择性地吸收到学校德育活动中。

4. 社会环境约束学校德育对象的行为

学校德育对象的学习和生活实践活动离不开一定的社会环境，社会环境对学校德育对象的思想和行为具有直接和间接的约束和规范作用，如法律、纪律、条例、准则和守则等制度性规范的直接强制性规范作用，以及社会舆论评价、道德的约束等间接的作用。符合社会规范的思想和行为就会得到肯定和赞扬，使这些良好的思想行为得到强化、巩固；不符合社会规范、道德、法律要求的思想和行为就会受到抑制和批评、甚至受到谴责。将德育对象的思想和行为约束在一定范围内，使其思想和行为与社会环境的发展保持一致或基本一致，从而促进德育对象思想和品德的良性发展。

5. 社会环境影响德育活动的效果

德育效果是指实现受教育者思想逐步提升、行为逐步改善，使其最终有能力参与到改造客观世界的历史进程中去。德育效果的形成是德育活动、主体、客体和环境四者结合的产物，环境对于德育教育的影响，一般表现为强化德育和弱化德育两种效果。先进、积极的社会环境因素会强化德育成果，如发达的经济、和谐稳定的政治和健康繁荣的文化等积极的社会环境因素不仅可以使德育主体从中提炼观点、坚定自信，而且能使德育客体从中汲取营养，从而帮助其树立正确的思想观点并自觉付诸行动。反之，落后、消极的社会环境因素则会削弱甚至抵消德育效果。经济发展水平落后、社会政局不稳、各种不良的思想观念充斥的社会环境，会影响和干扰德育主体对正确思想观念的传播，更影响德育客体构建良好的思想基础和对思想教育内容的接受，从而降低德育效果。

6. 社会环境的进步推动德育的发展

环境是德育发展的外部推动力。环境内部各种要素之间的矛盾和冲突引发德育客体的思想内部矛盾，产生德育客体思想现状和社会发展要求之间的矛盾，经过德育主体能动性的作用与社会发展的要求，从而完成德育过程的一个周期。由于对人的思想行为产生直接影响的社会环境是不断发展和变化的，想要实现德育客体与环境、德育客体思想内部以及思想教育客体道德状况与社会发展要求之间的平衡，需要为解决这些新的矛盾进行新一轮的德育活动，由此循环往复，不断提高德育效果，进而推动改善社会大环境。

三、 高校育人环境

人能够创造环境，环境也可以影响人，高校是人才培养的关键阵地。高校思想政治教育环境由多种要素构成，形成了特殊的环境氛围，对学生的"三观"、思想都会产生较大影响。

（一） 高校环境育人理论基础

马克思环境理论认为，社会发展中人与自然环境之间存在互相影响的双向关系，人在不断发展和改变环境的过程中，需要不断提升自身素养和水平。马克思认为，人与环境形成统一辩证的依赖关系。马克思环境概念涵盖两层含义，一是在存在人类前便已经产生的自然环境，二是人生活于其中的自然环境。高校环境事实上也是自然环境的关键组成，校园环境应当和谐，学生的生活、学习大多在校园环境中进行。校园的内外部环境，包括软硬件设施环境，学生能够从这些环境中充分汲取自身所需的养分。同时，学生的不断成长会改变校内外环境。马克思认为：人在历史的每一个发展阶段都会遇到对应的物质结果，即一定数量生产力的总和。人与人、人与自然之间形成历史关系，以及代代相传的生产力、环境及资金，虽然会由于新的一代改变资金、生产力及环境，但在对新一代生活条件的预先规定，使其具备了特殊的发展性质。马克思环境论点认为，人与环境之间存在互相创造关系，能够连续地对人造成影响。建设高校的育人环境并不断完善之，不仅会对当代大学生产生影响，还会对新一代大学生产生连续性影响。譬如赫克尔指出："需要经过社会实践来对学校社区不断鼓励，对选修及隐性课程不断优化，并建设校园文化等多种措施，实现高校可持续教育的逐步增强。"所以，建设并完善高校内外环境，需要以育人环境的本身特色持续进行，不应在某一阶段中断，这样才可能形成特色化的高校育人环境及特有气质。

诸多专家学者认为育人环境对于高校大学生的发展和成长有重大作用，这一点中外研究者所持意见是相近的。例如，"近朱者赤，近墨者黑"，对人所处成长环境的具体作用予以了肯定。人们更重视环境在青年人成长发展中所起到的作用，校园硬件环境有着诸多教育功能。确实如此，校园建筑及艺术雕塑都承载着悠久的校园历史及优良传统，均能够对学生的审美有所提升。假若一所高校绿树成荫、建筑有致，处处有彰显人文风格的建筑，这样的环境不仅能够让学生心情愉悦，更能够提升学生的审美。在高校环境潜移默化的影响下，大学生的自身品位充分提升。高校还可组织学生观看纪录片或参观纪念馆，增强学生"勿忘国耻"的理念，提升学生的爱国主义情怀。

有关高校育人环境的作用，李宣海认为："校园硬件环境可以发挥隐性育人功能。"建设校园硬件环境对高校学生带来的积极影响，是课本教材灌输教学无法达到的，也是高校教师在课堂教学中无法传输给学生的。在高校环境建设中，校园的饮食环境、住宿环境、休闲娱乐环境、学习环境、商业环境、公用环境及网络环境等，均在一定程度上对高校学生的成长发展起潜移默化作用。对于建设校园软环境，胡征宇还认为，"应当处处彰显以人为本，以学生为主体。"高校的教育目标应当以培养更多社会所需人才为主。胡征宇认为建设并完善现代化高校育人环境，后勤服务也至关重要。比如，寝室在高校学生生活和学习中不仅仅是"睡觉"的简易场所，也几乎是学生的"家"。尤其是当下信息化社会，各大高校的绝大多数学生寝室都接入了互联网，因此寝室环境直接对学生的成长产生影响。

高校环境对大学生的影响不仅表现在以上几方面，近些年净化校园网络环境也逐渐引起研究界的广泛关注。高校网络环境直接与学生的健康成长密切相关。自 20 世纪末至今，随着科技水平的不断提升，网络成为人们社会生活中的高频率名词。在信息化网络时代背景下，高校学生从被动的信息接受者转变为主动接收者，甚至是信息传播者。但是需要注意的是，网络环境与实际环境存在诸多不同，在当下的虚拟世界中，人们可以借助网络平台和与实际生活截然不同的世界相接触。因此，高校在改善育人环境时，需要不断更新自主理念，充分发挥网络虚拟环境的育人导向性功能。

建设、改善校园环境，不仅是指校园内部环境，还有校园所处的社会环境。高校不可能脱离社会独立存在，校园所处的社会环境同样是学生学习成长的关键。有关教育环境对学生成长的影响研究，一直是国外众多专家学者关注的热门话题。校园环境的精心规划，能够净化人的灵魂。杜威指出，"学校即社会"，换言之，就是高校校园生活也同样是社会生活，涵盖了社会生活的多数意义。大学生还需要将校内理论学习及校外工作实践相结合。大学生毕业后要跨入社会，为了让他们更好地适应社会，应当让他们在离开校园前切身感受社会生活。在现代教育中，大学生活愈发社会化，所有思想、行为均可在校园中寻找到踪影。所以，应当加强校园环境建设。

（二）高校育人环境作用分析

1. 优良环境对高校育人的积极作用

（1）完善基础设施，熏陶师生人格品质

高校育人环境是教学工作的关键平台和载体，高校基础设施具有丰富的人文底蕴及文化内涵。完善基础设施，可以培养师生的道德素养，并促进师生的情感和气质的提升。建设并完善校园设施不仅可以保证高校师生能够在良好环境中教与学，更有助于陶冶师生情操，释放其心性。为了能够充分调动学生的学习积极性，确保学生的学习状态始终充满激情，让教育进入内心深处，高校应当对学校基础设施不断完善，构建更多的实验教室或实习教室等。

（2）优良的大学精神和品质影响受教育者的思想观念价值取向

高校在办学中传承的精神素养是促进高校良好发展的"灵魂"，它不仅是优秀的历史沉淀，更是精神财富，它在潜移默化中影响着高校师生。多数高校都继承了优秀传统及文化精神，这不仅对高校育人事业起积极作用，还会对高校思政教育及教学工作者的精神状态有所促进，帮助他们形成更好的精神素养。

（3）丰富校园文化活动，激发学生自尊心及使命感

校园文化活动主要指在高校的组织下，在高校教师指导下实现教育目标，并促进、提升教育成效的教学活动。在目前开放式的教学大环境中，校园文化活动逐渐朝着更加丰富多彩和深层次的方向发展。譬如通过组织学生共同观看革命电影或参观革命景点、开展教育讲座来创设良好的高校育人环境。

2. 不良环境对高校育人的消极影响

（1）教学空间不足影响教学质量

教学场所是开展一切高校教学活动的基础环境，在一定程度上也是搭设高校师生互动交流的主要平台。但是就目前高校的育人环境来看，一些高校在教学中以大课堂为主，小班专业课的授课方式可能较少。大课堂人数较多、空间较大，师生之间往往缺乏交流互动，因此学生学习的积极性会降低。

（2）互联网环境复杂影响价值辨别

信息化时代，网络已经覆盖高校，其低成本及高效率，促进了高校的育人事业。学生可以借助网络即时了解社会中的最新热点信息，也在一定程度上转变了学生的思想意识。然而，网络同时也会对学生的成长产生一定的负面影响。由于一些高校学生缺乏一定的判断能力和抗信息干扰能力，再加上网络上流行的价值观及人生观与现实可能存在较大不同，因此网络对大学生在思想上会造成较大的消极影响。

（3）不良的学习风气影响大学生的学习态度

高校提升人才整体培养质量，学术风气及学术氛围至关重要。准确地讲，高校想要实现持续发展，就应当构建良好的学术氛围，从而拓宽学生的视野。

（4）严峻的就业环境对思政教育造成冲击

自高校实施扩大招生政策至今，更多学生有了接受高等教育的机会。然而，就业形势的愈发严峻使"就业难"成为社会热点问题，在很大程度上加大了大学生的思想压力，给高校思政工作带来了更大挑战。

（5）多元文化发展产生多元价值观

文化多元性带来了新的思想，导致价值观多元化。由于多数大学生尚未形成成熟的价值观及人生观，因此一旦遇及多元化价值观便容易受其影响。

（三）高校学习型公寓建设

中国人注重"家"这个概念，"家"文化在我国源远流长，每个人都与"家"息息相关，"家"的教育还关系到国家和社会——"修身及家，平均天下"。（《礼记·乐记》）"家"是社会的细胞，"家"是文化的载体，"家"是成长的基地。在学校，寝室就是学生的"家"，每一位学生的文化素养、道德品质、学识才华无不与"家"有关；学生的成长离不开这个"家"，学校的稳定和发展离不开这个"家"。学习型公寓的建设目标是弘扬传统文化，在学生公寓营造具有"家"一样温暖、"家"一样便捷、"家"一样舒畅的环境氛围，着力构筑一站式、全方位的育人平台，培养学生正确的世界观、人生观、价值观，提高学生的综合素质和应对能力，引导学生学会学习，学会做事，学会做人，实现学生公寓由单纯的住宿区向育人区的转变。

浙江财经大学大力推进学习型公寓建设，在建设过程中围绕"一室一家"，打造特色寝室；坚持"两个并重"（教学区与生活园区并重），拓展育人内涵；发挥"三自功能"（自我教育、自我管理、自我服务），增强学生自主意识；成立"四个中心"（思政教育、发展指导、事务管理、社团活动），服务学生成长成才；实行"五级进驻"（党总支副书记、学工办团工委、辅导员、新生辅导员助理、生活指导老师），健全园区管理机制；开辟"六个场所"（党团活动室、就业指导室、心理辅导室、考研自习室、生活咨询室、书报阅览室），完善"家"的社区功能；实施"七项工程"（读书工程、健心工程、网络建设工程、党团建设工程、排忧解难工程、文化建设工程、创新创业工程），激发"家"的时尚快乐。

浙江财经大学在学习型公寓建设中出台了一系列制度和措施，开展了丰富多彩的系列活动，不断完善公寓的学习、生活、服务各项功能，将学习过程无缝连接到寝室和生活园区，营造家一样的成长环境和文化氛围。具体做法主要有：① 乐思厚德：构筑精神"家"园。学校开设"五位一体"学习型公寓建设门户网——家园网，并将其定位为思政教育的主题网站。该网站信息量大、便捷高效，涵盖了学生日常学习生活的各个方面，其中红色记忆、党员心声、红色博客等栏目已成为大学生自主学习的"红色园地"。②"一团三长"：形成"家"的主心骨。充分发挥党团组织的先锋模范作用，学校对学生党员在公寓中的表现进行考核，并注重发挥"一团三长"的作用。这里的团长即各公寓团总支书记，"三长"为楼长、层长和寝室长，除了团长由辅导员担任，"三长"全都由学生担任，采取应聘的方式竞争上岗，并将寝室长纳入班干部管理考核体系。"一团三长"是公寓内学生管理服务的"主心骨"，承担着学习生活各方面的职责。③ 健心健行：锻炼"家"人才干。园区发展指导中心以"学生缺什么，我们就补什么"为宗旨，切实提高学生的心理素质和实践动手能力。利用园区 24 小时心理热线、公寓心理咨询室和就业指导室等，对有需要的学生和寝室进行诸如自我认识与成长、情绪调节、人际交往、生涯规划、求职技能与心理等方面的个体或团体辅导。④"4S"服务：营造"家"的温馨。"楼道内电压不稳，开了空调为何跳闸？""小阳台及楼顶封闭，无法晒被子怎么办？"……每当学生在公寓中遇到烦心、闹心事时，他们第一个想到的就是公寓学生事务受理中心。中心推出了"4S"一站式服务，即"Smiling（微笑）""Sincere（真诚）""Speedy（快速）""Satisfied（满意）"服务。中心着眼于最细微却与学生利益有最直接联系的事务，开展生活园区学生事务咨询、保险理赔、园区助学等服务。⑤ 为学悦己：共享品质之"家"。走进生活园区，几乎每天都有精彩纷呈的社团文化活动。每年举办以寝室为单位的"大学生公寓活动月"，以"为学""悦己""感恩"等为主题，着力营造寝室"家"文化氛围，提高"寝室即为家"的意识和认同感。这些活动引导同学们在公寓中快乐学习、终身学习，养成良好的学习生活习惯，自觉维护和弘扬"家"文化，共同创造美好的环境氛围。

国内学习型公寓建设还可以从以下几个方面来完善：

第一，思政教育是学习型公寓建设的首要任务。加强思想教育非常必要，但思想教育不是刻板说教，而是需要进行正确的引导。例如，针对学生喜欢上网的特点，可以通过建设园区网站、博客、即时聊天群等方式来吸引学生，这样既可避免他们登陆那些不健康网站，又有利于学校的舆论导向的把握。在教育形式上，进行生动教育，以达到潜移默化的效果，要把握学生的心理特点，以活泼、幽默且有意义的内容为主。如果学生被高校开展活动的内容吸引，那么他们就会将这个消息很快传播给其他同学，这样高校思政教育工作者就可以达到在思想上引导好学生的目的。同时思想教育要充分利用思政教育网络平台，进一步发挥思政网作为高校思政教育、学习型公寓建设宣传的网络主阵地作用，加强和规范思政网动态信息的采集、审核、发布管理，坚持正确的舆论导向，通过思政网，及时发布时政要闻学学校最新动态，及时报道园区各中心学习型公寓建设新闻、工作成果等，及时发布学校、园区最新相关文件和通知，让学生更加及时、全面地了解学校思政教育、学习型公寓建设等工作。同时，也要加强思政网的宣传工作。在学校里，可以通过挂横幅、做海报及各中心开展的各种活动进行广泛宣传。在学校外，可以加强对外联系，通过与其他学校思政网建立友好链接等形式做宣传。

第二，素质教育是学习型公寓建设的主要内容。学习型公寓建设以"思想政治教育、学生发展指导、学生事务管理、党团组织建设、社团文化活动"为平台，以公寓和寝室为主要阵地，充分发挥学生工作体系的作用，充分调动学生的积极性和主动性，开展丰富多彩的主题教育活动，切实解决学生的实际问题，为学生成长成才营造良好的环境和氛围；切实增强学生服务国家服务人民的社会责任感、勇于探索的创新精神和善于解决问题的实践能力，实现德智体美劳全面发展。一是重视工作调研，做到有的放矢，针对性地开展学习型公寓建设。二是确保组织开展的长效化，成立学生思想政治教育中心、学生发展指导中心、学生事务中心、学生社团活动中心，以此为工作触角，深入开展生活园区工作。通过学习型公寓主题橱窗和公寓活动室、公寓文化活动月和服务月等活动，倡导的寝室间成员和谐互助的朋辈关怀为落脚点，寓教于乐，引导学生做人、做事，提高学生的综合素质和应对能力。三是积极开展学生发展指导工作。以"学生缺什么，我们补什么"为宗旨，以公寓寝室为单位，以朋辈教育为特色，举办模拟面试、大学生职业生涯规划大赛、面试礼仪讲座、"选课"交流会、学业规划经验沙龙、学业规划设计、贫困生寝室结对等活动。同时将学生分类，按照不同要求和特点开展活动。比如，有些同学有考研、进修和科研方面的追求，那么可以为他们提供学习的场所、资料和指导老师；有些同学有创业或者兼职的需求，要尽可能为他们提供创业培训、创业体验、创业项目和更多的兼职信息，方便这些学生接触社会，努力提高学生的综合能力。

第三，以学生为本是学习型公寓建设的支撑点。人才培养是高校最根本的职责，育人者要把培养对象放在心中最高的位置。大学生是一个特殊且敏感的群体，他们的个人状况、成长经历、个性、价值观、人生观都不同。在学习型公寓建设中，辅导员是育人主体，要不断创新工作方法，始终把自己当作塑造学生美好心灵和价值取向的引领者和督导者，当作塑造学生心灵和行为品德修炼的引路人，要认识到自己在学习型公寓建设中具有不可替代的作用。一是专兼职辅导员必须把"以生为本"作为引导学生好学上进的支撑点，多理解，耐心仔细地去研读，根据学生的个性找准切入点，以情感人，以理服人，让学生时时处处感悟如何做人做事做学问，感悟德育与自己的成长密切相关。注重公寓环境营造、学习创新、行动引导和品质塑造，让学生明确公寓内不学习、不讨论、不修炼就浪费了大量美好时光，注意培养学生时时处处留心学习、追求进步的良好习惯。二是加强制度建设。组织学生讨论公寓制度、公约，使制度入耳、入脑，并以文字的形式约定，作为学生在公寓的行为准则，对个别劝阻无效者，可与家长签订合同，讲明利害，分清责、权、利。三是加强思想引领。辅导员每学年都要向学生推荐一定数量的公寓阅读书目，并提出要求，及时检查指导，组织心得交流和竞赛，扩大学生涉猎范围和知识面，同时加强自身的学习，防止出现因信息不对称而无法进行有效引导和沟通的局面。

第二章 以人为本

——增强服务意识

> 成熟的和真正的公民意识，会把为社会服务看作一个人最主要的美德。
>
> ——苏霍姆林斯基（苏）

一、 服务育人环境

对服务育人环境这一课题，系统论、教育生态学理论、思想政治教育环境论均有丰富的理论与实践。本章将结合服务育人相关理论来阐述我国高校服务育人实践历程，并从强化高校服务育人意识、加强服务育人制度建设、提升服务育人队伍素养水平、创新服务育人载体平台及深化社会化变革这几方面探讨如何创设良好的服务育人环境。

（一） 服务育人概念及相关理论

1950 年，我国教育工会首次提出"教书育人、管理育人、服务育人"这三大教育理念。在后续有关"服务育人"概念的相关研究中，多数研究者的研究切入点不同且尚未统一。大多数学者从"大服务育人"的层面来探讨服务育人的新内涵，也有学者聚焦于后勤服务育人机制。其中，徐海玲认为，服务育人就是要爱岗敬业、尊敬教师、爱护学生，能够尽心尽力为学校师生提供帮助。高校通过提供优质服务，对学生形成潜移默化的影响和教育作用。林壁聪在研究中把服务育人划分为两种，其一为直接形式育人，主要指的是高校经过服务过程直接教育学生，产生一定影响；其二为间接形式育人，指的是高校在开展某一服务工作中对学生产生的间接影响。也有其他研究者在研究中把服务育人界定为服务主体在提供多种服务时，能够以丰富的文化内涵和物质条件对服务对象形成熏陶感染，并通过服务塑造真善美的育人环境，由此对学生的"三观"及道德素养产生潜移默化的积极影响，实现服务育人功能。

高校服务育人的内涵是随着时代而不断发展变化的，在"育人"即"教书育人、管理育人、服务育人"提出之初，服务育人较多限定在后勤管理领域，而今"服务育人"被赋予更全面、更丰富的内涵，涉及学校运行的很多部门和环节，涵盖教学、科研、管理、后勤保障等，蕴含于各项育人中，"十大"育人同向同行、互联互通。狭义的"服务育人"强调教辅部门和后勤机关的服务职责，致力于为学生创造良好的学习和生活环境，在服务工作中发挥育人功能，促进学生全面发展。广义的"服务育人"强调"大服务"的理念，即学校各个部门、各方面工作都具有服务学生的意义，每位教职员工都具有服务育人的义务，通过为学生提供优质的服务，帮助学生解决各种问题和困难，引导学生树立正确的世界观、人生观、价值观，培养学生良好的道德品质和行为习惯。需要强调的是，提升学生"为人民服务"的能力也是"服务育人"的应有之义。

1. 系统论

系统是由多部分组成的整体，研究界把系统定义为"由相互关联若干组成部分而成，具备一定功能的有机整体，且同时也是所属更大系统的重要组成"。系统论也被称为系统科学理论，贝塔郎菲于 20 世纪 50 年代提出这一概念。高校服务是高等教育中的重要组成，发挥着不可替代的关键育人作用，且高校教育并非多部门之间的简化组合，而是共同关联形成相互作用的整体成果，因此想要实现高等教育目标必定要依赖于高校服务的坚实基础。同时，系统还具备目的层次性，主要指的是系统的组成要素之间存在的差异所构成的系统等级秩序性，基于这一层次，高校内部服务机构是高校教育子系统重要组成，在实现自身服务特性的同时还需要达到高校教育的总目标，充分发挥高校服务育人的功能。除此之外，高校服务还具备突变性及开放性。

2. 教育生态学

"生态"的概念源于生态学理论，主要表示生物及其与所处环境的良性互动关系。相较生物生态系统来讲，教育生态系统具备开放性及复杂性。基于教育生态学理论对高校服务育人功能进行分析，主要是对高校服务过程中人与人之间，以及高校后勤各部门之间的育人环境进行辩证分析。基于教育生态学视角对高校育人系统进行分析，服务中的服务者、被服务主体和服务育人环境之间产生互相影响及依赖的关系。所以，高校服务育人具备丰富的生态性，不同构成要素间形成外部生态环境，构成高校服务生态系统（见图2-1）。

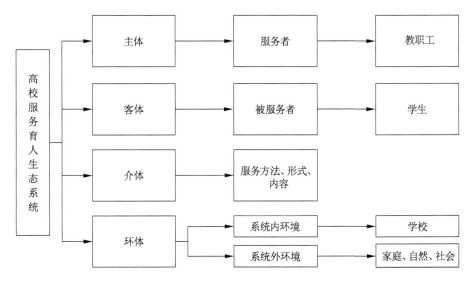

图2-1　高校服务育人生态系统示意图

3. 教育环境论

环境是比较复杂且包含广泛内容的系统，包括人类外部世界，也包括人类在社会发展中赖以生存的社会物质条件。不仅人的生存发展需要在环境基础上实现，环境还会不同程度地影响人的思想品德的形成。育人环境是环境子系统，自20世纪80年代受到诸多研究者的重视。沈壮海认为，教育环境主要指的是教育及教育对象达到教育目标，以及过程中对教育效果产生影响的外部因素的总和。邱伟光在《思想政治教育学原理》中认为，教育环境是教育中面临的外部客观存在，并可分为三块内容：一是教育环境是教育子系统及教育之间的客观必然联系；二是教育环境影响并制约教育活动，对客体产生较大影响；三是教育活动对建设并优化教育环境起很大的带动作用。因此在高校教育工作的开展中，应充分发挥主体创造性，对教育环境不断优化，并集中运用集体、典型、示范、自我等多种教育方式在高校服务中实践育人功能，并充分利用多种服务主体及教学方式，增强思政观念，对高校思政教育功能充分补充，最终达到育人目标。

（二） 高校服务育人实践历程

高校育人是我国教育事业的必然要求，对高校服务育人历史轨迹的追溯，需要立足我国社会的发展背景，搜集相关文献著作，基于前人研究基础，以时间线索回顾总结。

1. 萌芽—探索时期 （1949—1966 年）

中华人民共和国成立初期，以苏联的教育模式为参照，建立与计划经济相适应的福利型、供给型高校育人服务体系，保障了高校的顺利运行，逐渐形成"一校一户办服务，多校部门办社会"这一小且全面的体系，逐渐实现了高校育人服务目标。同时，考虑到当时社会对人才的多样化需求，我国教育工会在教学理念层面首次细化了教育工作。毛泽东也在有关正确处理人民内部矛盾的思想中，认为各部门均应在承担思想政治工作开展的相应职责，在一定层面对高校思政教育的重要性加以肯定。该时期高校育人功能的体现已经初见端倪。

2. 复苏—确定时期 （1967—1998 年）

20 世纪六七十年代，我国教育事业陷入混乱。党的十一届三中全会后，国家重新恢复了原本的教育理念及原则。邓小平于 1978 年指出将育人服务引入我国的教育事业，并表示自己甘愿做教育科技部部长。此刻，我国的教育事业开始变革。但是这一变革并未进一步明确教育服务的"育人"功能，直至 1987 年，《中共中央关于改进和加强高等学校思想政治工作的决定》中指出，应当重视对高校教职工队伍的思想水平建设，主张服务育人，应当树立坚定的为人民、为教学服务的思想，重视为思政工作的开展提供良好的基础前提，并正式提出了"服务育人、管理育人"。

3. 发展—完善时期 （1999 年至今）

1999 年，教育部、国家计委等 6 部门发布《关于进一步加快高等学校后勤社会化改革的意见》。之后，政府宏观调控、学校自主选择、各部门自律监管的保障体系变革目标确立。随着我国教育事业的不断发展变革，目前的高校育人服务也由传统的"行政模式"逐渐转变为"面向市场，自负盈亏，有偿服务，自我发展"的模式。但是，遵循社会发展规律、重视经济效益，某种程度上对高校服务于师生这一理念有所淡化，对高校的教育本质有所忽视。这一变革对服务育人功能有所削减，也给高校教育事业发展带来了诸多挑战。对于高校变革中出现的一系列问题，我国出台了有关政策，对高校后勤服务育人意识的逐步强化。譬如《中共中央国务院关于深化教育改革全面推进素质教育的决定》中指出，思政教育源自于生活，但是在教学中与实际生活脱离，只能达到形式化、理想化、知识化教育，无法深化教育效果。文件还对高校学生的思政教育工作提出了更多新思想和新举措，号召高校各部门积极动员，强化思政教育和育人意识。

2004 年，《关于进一步加强和改进大学生思想政治教育的意见》指出，广大教职工都负有对大学生进行思想政治教育的重要责任，要形成教书育人、管理育人、服务育人的良好氛围和工作格局。

2016 年，《关于加强和改进新形势下高校思想政治工作的意见》指出："坚持全员全过程全方位育人。把思想价值引领贯穿教育教学全过程和各环节，形成教书育人、科研育人、实践育人、管理育人、服务育人、文化育人、组织育人长效机制。"2017 年 12 月，教育部《高校思想政治工作质量提升工程实施纲要》核心内容部分详细规划了"十大"育人体系的实施内容、载体、路径和方法。其中，服务育人是思政教育的重要组成部分，渗透于大学生的生活学习各方面各层次，深刻影响着高校的日常管理和学生的培养质量。这些政策成为思想政治工作服务育人的风向标，指明了发展方向。

（三）建设高校服务育人环境

结合以上分析，高校服务虽然具备了育人功能，但是在实际教学中想要收到服务育人成效，仍然面临诸多现实问题。究其本因，一方面主要源于高校服务各部门的内在属性及其自身管理局限；另一方面主要在于社会及高校群体缺乏对"大服务育人"内涵理念的充分认知，导致无法提升高校的育人质量。所以，需要建设高校服务育人环境，实现高校服务与教育事业的更好融合，真正体现服务育人功能。

1. 强化高校服务育人意识

（1）端正高校服务育人理念

随着社会的进步，人们对高校服务的认知有了很大改变，但是仍然存在根深蒂固的传统观念。譬如部分群体仍然认为服务和育人无关。从内容上看，高校服务工作的开展主要为了向师生提供服务；从属性层面来看，高校服务要实现教育事业的育人功能。高校服务育人功能并非单纯的工作事务，更是具备真情实感的思政工作。所以高校服务各部门需要充分发挥其育人功能，加大服务育人功能的宣传力度，重视服务工作人员与高校学生之间的沟通，增进了解，消除偏见，充分体现并强化服务育人功能。

（2）强化高校服务育人认知

行动取决于思想，所以高校服务各部门应当打好"服务育人"工作的基础，树立正确的意识认知，并强化自身的服务理念。但是由于多方面的原因，目前部分服务工作者对服务工作存在错误认识，认为服务工作低人一等。对于这一情况，服务工作人员应当端正自身的服务态度，树立强烈的使命感和为学生全心全意服务的责任意识，爱护学生，以生为本开展高校服务工作。同时，应加强与学生之间的沟通交流，对学生的心理变化充分掌握，积极改变学生的错误思想动向，帮助学生解决生活学习中的难题，创设健康愉快的生活学习氛围。服务工作人员还需要对学生予以充分的尊重和理解，需要用服务赢得学生的理解和尊重。

2. 加强服务育人制度建设

（1）建立内部质量监控体系

正所谓"无规矩不成方圆"，想要提供高质量的高校服务，完善的管理制度至关重要。管理制度不仅是高校服务的基础保障，更是执行标准，因此高校需要建立科学化、规范化的管理制度，从而为服务育人功能提供保障。在提供服务的过程中，要达到一定的服务质量。建立完善的内部质量监控体系尤为重要，通过全面监控高校服务质量，保证服务质量的标准化。有关研究者调查发现，高校服务部门运用过程管理方法制定服务质量目标监控、组织制度体系，可达到科学高效的高校服务质量。同时，应不断增强多渠道沟通及民主管理，譬如召开座谈会或运用多媒体平台，对服务主体反馈的建议积极听取并落实，接受高校师生的监督，并为学生提供参与服务管理的机会，不断提升高校服务质量。

（2）建立科学考评制度

绩效考评机制主要是指高校服务各部门基于学校的教育工作目标建立适用的服务考核标准，运用适当的考评方法对服务工作者的服务情况进行评价并反馈。绩效考评制度的施行不仅能充分激发员工的责任感和积极性，还能够对改进服务质量及服务行为起指导作用。应结合高校服务制定平衡、细化、明确的考评指标，建立科学公正的考评制度，保证每一个服务考核指标的内容细化明确，同时又能够真实反映问题，使高校服务育人工作的科学化、规范化有据可依。

3. 提升服务育人队伍素养水平

（1）建立高素养水平管理队伍

想要提升工作实效，实施者的服务能力素养水平至关重要，想要服务育人，只拥有服务热情远远不够，还需要具备丰富的文化内涵、较高的思政素养及过硬的专业技术，提升高校服务质量，提高整体工作效率。所以，高校应当肩负起服务育人这一重大职责，加强具有高水平的服务队伍的建设，提升服务队伍的整体水平。在高校服务实践工作中，服务的管理组织者及政策的制定落实监督者，都对高校服务育人至关重要。高校需要培养对教育规律充分理解，同时对当代大学生发展特点充分理解的服务管理团队，通过开展专业培训、素质拓展、专家授课及实地考察等方式，保证管理者充分掌握服务管理的多样化手段，具备及时发现并解决问题的能力。因此，服务人员需要提升自身的综合素养水平，为创设服务育人环境提供基础保障。

（2）建立高标准服务团队

高校服务团队是直接负责提供服务工作的主体，同时也是开展服务育人的关键载体。服务对象比较特殊，因而对服务育人的服务人员提出更高的能力要求：应当与岗位职责相结合，掌握沟通技巧并了解高校学生心理状态，从而对服务对象的成长起到潜移默化的积极影响。高校在聘任服务人员时，始终坚持选人用人要层层把关这一原则，引进高素养水平的人员；并且运用多种形式开展对在职服务人员的职业道德及文化水平培训，提升服务人员的文化和专业知识水平，进一步提升服务人员的整体工作能力。除此之外，也可借鉴国外管理经验。同时，服务人员还应当积极改善服务态度，文明、礼貌、热情、周到的言行举止会对高校学生的行为和习惯产生潜在的积极影响。

4. 创新服务育人平台

（1）创新服务育人平台

创新服务育人平台是高校服务工作的关键内容。沟通对于高校服务育人至关重要，在沟通过程中，服务人员能够下意识或无意识地向服务对象传达自己的思想观念，以此达到育人成效。高校服务人员应当加强与高校学生之间的良好沟通，并拓宽沟通平台渠道。高校服务宣传需要充分运用多媒体平台、广播、报刊等媒介。譬如浙江工业大学主办的《滨江潮》综合报纸，有着丰富多彩的内容，不仅包括有关政策和校园新闻，还包括与学生密切相关的"回音壁"栏目，原创性文学等对学生也有着较大的吸引力。服务部门还可运用 BBS 教育阵地实现趋利避害、扬长避短，对高校服务工作积极引导管理；还可借助问卷调查或设立意见箱、微信公众号等方式，听取师生对高校服务相关工作的建议，解答学生的相关问题。总而言之，高校服务需要建立与学生积极沟通且互相尊重理解的平台，并运用多种手段达到服务育人的目的。

（2）营造高校服务育人文化氛围

成熟的校园文化能够在提供服务中衍生出诸多鲜明的服务管理理念，育人文化氛围又能够创设优秀的生态人文环境，所以想要建设良好的高校服务育人文化氛围，需要重视校园景观环境、校园人文环境等方面：

优雅的校园景观环境。在校园环境营造中应重视自然景观，要集美化、防护于一体，不仅改善校园环境，而且净化空气、减少噪音。学校要满足学生学习活动所需，也要给师生以美感享受。对校园建筑的布局应合理规划，依照人性化需求合理划分，集校园、花园、家园及乐园于一体，更达到艺术、社会、科学、自然多种美感于一身，从而使全校师生处于愉悦轻松的自然环境中。所以，应当加大对建设优雅校园环境的投资力度，不断改善学生的生活环境，并完善休闲娱乐设施。虽然近些年我国的经济水平不断提升，各大高校的基础环境及设施条件也不断改善，但是关乎学生生活品质方面的硬件环境建设仍然需要进一步改进。

探索、挖掘高校特有的历史传统和文化积淀。领悟高校所蕴含的博大精深的历史渊源，并加大对校训、校纪、校风的宣传力度，可以采用建立校友栏或校史室等途径，弘扬学校的文化内涵及优良传统，不断增强高校师生的归属感、自豪感。

5. 深化社会化变革

（1）坚持服务与育人相统一

高校服务工作的开展对于高校师生来讲，是教学、科研活动的基础保障。无形服务指的是并未直接作用于人或物的服务，譬如服务过程中相关人员的言行举止及态度作风。这种无形服务会以有形载体的方式作用于高校学生，并产生隐性的育人功能，因此"服务即教育"表现在每一个服务举止及态度中。高校服务与育人两者密不可分，提供服务是完成育人功能的基础与前提，而育人又是提供服务的最终目的。如何能够真正地做好服务，应当以如下两方面为着手点：

人性化服务。在服务中投入人文关怀，服务人员能够做到心中有学生、用心服务，为学生的生活学习提供实际帮助和个性化服务，真正地体现人文关怀，打动人心。

适度性服务。在服务中应保证育人方向的正确性。在开展高校服务工作初期，服务人员容易视学生为被管理、被教育的对象。虽然高校提供的服务行为很大程度上起到了管理约束作用，譬如宿管人员有权利批评教育违反学校规定的学生，但同时服务人员更应当注意自己的服务育人方式，掌控分寸，充分尊重学生，对学生的不良行为实施弹性约束，引导学生形成良好的行为习惯。

（2）坚持营利性与公益性相统一

自从高校实施社会化服务至今，在市场经济发展规律的引领下，高校借助高效益、高质量的服务，创造了更高的利益价值，实现了自身的发展。同时，高校提供服务的根本目标在于服务育人，因此不盲目地追求经济利益。结合目前高校的育人服务现状可以发现，社会效益及经济效益之间可能存在矛盾，想要充分发挥高校服务的育人功能，应当更好地融合高校服务的经济社会属性，并始终坚持高校服务的营利性与公益性相统一，谋求高校服务的良好发展，以达到服务育人的目标。

二、 提高服务能力

（一） 服务对象的群体特征

大学生是青年中最重要、最特殊的群体。他们具有不同于其他社会群体的属性和特点，主要表现在以下几个方面：

1. 高文化水平的群体

从我国公民的受教育程度来看，大学学历仍然是高学历。因此，与其他群体相比，大学生最明显的特点是受教育程度高。他们是受过专业训练、受过较高教育、实践能力较强且比较灵活的年轻人。他们不仅已基本达到生理和心理上的成熟，而且具备了进入一般社会领域的前提条件。显然，大学生还没有达到真正的社会成熟期，他们的生理和心理成熟度只是基本的、初步的。但由于受教育程度高、知识面广、思维敏捷、能力强，他们比其他年轻人更有优势，所以在某种程度上，他们具备了比其他年轻人更容易成熟的条件。大学生的这一特点，一方面使其更容易接受教育，另一方面也对教育者的素质和服务水平提出了更高的要求。

2. 高敏感性的群体

大学生充满朝气和热情，容易接受新事物，同时也关注国家和社会的发展。因此，他们比普通人更容易观察时代的变化，更早地与时代精神产生共鸣，更快地应对社会问题。然而，灵敏度并不等于准确度。因为他们涉世未深，对一些知识没有真正地消化、吸收和理解，自身的思想观念也不成熟，所以有时不能准确把握时代精神和社会问题的本质。此外，他们容易轻信别人和随波逐流，在错误思想的影响下容易出现极端行为。大学生的高度感性要求教育工作者密切关注他们的思想动态，及时、正确地引导他们，避免他们出现因迷失方向而导致的过激行为。

3. 高参与性的群体

大学时代是人们接受社会影响和学校教育的时期。在这一时期，大学生不是被动地接受学校教育、等待社会的影响，也不是社会生活的旁观者。他们对参与社会生活有极大的兴趣和热情，在接受学校教育和社会影响的同时，也以极大的热情参与社会生活。当然，由于大学生没有独立的经济基础和社会职业，他们很少参与社会生产和生活实践，他们的思想主要来自书本知识、社会思潮和周围环境的影响和熏陶，而不是来自自身和生活经验。因此，应充分发挥大学生参与实践的积极性，进行多方位的指导和教育。

4. 高互动性的群体

大学生活属于集体生活，从衣食住行到学习娱乐，大学生的日常生活都离不开这个集体。这种不同于其他社会群体的生活方式，不仅为其群体成员之间的互动提供了组织条件，而且为群体意识的形成提供了环境条件。大学生在思想上互相认同，在行为上互相模仿。特别是在涉及共同利益和共同要求时，他们往往相互鼓励、相互支持，并通过这种互动形成一定规模的群体行为现象。大学生群体成员之间相互影响、相互作用而形成的相对统一的群体行为，是其互动特征的具体体现。在正确的思想指导下，大学生群体接受反映社会矛盾和社会变革的进步思潮的影响，形成的进步意识和行为将对社会进步起到积极的推动作用。然而，在错误观念的引导下，大学生群体会接受错误社会思潮的影响，或受到某种突发事件的刺激，导致偏离事实和初衷的极端行为，这无疑会对校园和谐和社会稳定起到消极作用。因此，应正确引导大学生群体成员的互动性，使其成为促进大学生发展的积极因素。

（二）服务对象的常见问题

大学生是青年中的佼佼者。他们朝气蓬勃、积极向上，有许多优秀的品质和品德。但是，我们也应该看到，当代大学生存在一些问题，这些问题困扰着他们的心灵，影响着他们的成长。作为服务教育者，我们必须深刻认识这些问题，积极思考帮助大学生走出困境的途径和对策。大学生在校期间普遍存在的问题包括学习和生活的方方面面，其中与大学生生活密切相关的问题有如下几个：

1. 独立生活能力欠缺

适应大学生活，培养与人交往的能力，完成"文化人""社会人"的培养任务,是大学教育的重要内容。进入大学,远离了原来熟悉的生活和学习环境,面对新的人群,大学生们可能有些不适应。这种不适应主要包括生活上的不适应和人际关系上的不适应:在高中阶段,大多数家长只注重孩子的学习,事事亲力亲为,导致有些大学生不能很好地处理自己的事务,不适应大学生活。在人际关系方面,大学生希望得到他人的认可,但对如何关心他人、如何得到朋友的关爱等问题考虑较少。大学生活在一定程度上为学生创造了一个小的社会环境,使他们能够充分展示自己。然而,由于缺乏在公共场合表达思想的能力和勇气,即使一些学生对各种活动充满兴趣,却因担心失败,而只是默默地做旁观者,甚至选择逃避。随着时间的推移,他们变得不适应人际交往。

2. 自我约束力不强

大学生活缺乏家长的监督,很多学生的生活开始变得不规律。晚睡、饮食不规律、抽烟、喝酒、晚归、通宵上网,这些不良习惯在一定程度上影响了他们的身心健康。尤其是网络问题,很多大学生被五光十色的网络内容深深吸引,对网络的依赖性越来越强,有的甚至沉迷其中,每天花大量时间上网。久而久之,对网络的迷恋影响了大学生正常的认知、情感和心理取向,这不利于大学生人生观的塑造。所谓"习与性成",是指一定的习惯会长期形成某种性格;"习焉不察"是指做事习惯了反而察觉不到存在的问题,而"习非成是"则是把错误的当成正确的,于是"积习难改"。这给大学生带来了很多麻烦和不好的体验,甚至让一些学生误入歧途。

3. 大爱精神的缺失

在市场经济和社会转型的冲击下,当代大学生存在着不同程度的精神缺失,特别是大爱精神的缺失,具体表现在以下几个方面:一是责任感和奉献意识的缺失。在不良思想的影响下,少数大学生奉行"事不关己"的人生哲学,对社会和他人漠不关心,不积极参与公益和集体活动。二是缺乏亲情和爱心。长期以来,受"重智育轻德育"教育模式的影响,家庭教育被边缘化,导致一些学生只爱自己,不爱别人,不懂得爱。三是诚信缺失。考试作弊、恶意拖欠学费、住宿费等现象在校园内偶有发生。四是理想与追求的缺失。少数学生消极对待生活,不认真学习,没有目标,混日子。这些现象虽然不是大学校园的主流，但如果问题不能得到有效解决，势必影响大学生的健康成长。

4. 消费观念欠成熟

当代大学生大多是独生子女。家长把子女作为照顾的重心，基本都会满足子女的消费需要。大学生在消费上是独立的个体，但在经济上却不是独立的。很多学生不知道钱来之不易，花钱大手大脚，没有储蓄和理财的观念。一些学生受社会上不正确的消费观念影响，形成贪图享乐、攀比炫耀的不良习惯，影响了身心的健康成长。

以上问题具有一定的代表性，是大学生中普遍存在的问题，也是大学生由幼稚向成熟过渡必然经历的问题。高校服务涉及学生生活的方方面面，与学生生活息息相关。作为服务工作者，要关注学生在日常服务过程中的困惑，清晰地了解他们的心情和状态，帮助他们养成良好的生活习惯，形成正确的观念，促使他们尽快适应大学生活，在校园里快乐健康地成长。

（三）提升大学生服务能力

高校学生所具备的服务能力主要指的是大学生服务社会所要具备的技能。在服务中，高校学生可以对自己形成清楚的认知，还可以在服务他人的过程中，使自我认知行为不断完善。从社会心理学层面来看，服务是有利于他人目标所采取的一系列行动。服务可以提升大学生的自我成长信心，能够促进高校学生健康发展成才。因此，高校在人才培育中也应当高度重视大学生的服务能力。

高校以自尊及自我效能感作为提升大学生服务能力水平的切入点，分别基于学校及学生个体提出建议，实现高校学生的个人成长。

自尊拥有较强的社会性。现有研究对自尊进行界定，认为自尊是处于一定社会背景下，评价自身所实现价值时出现的情感体验。自尊具备主观性，主要表现为对个体的自我感知及自我评价情感体验，更重视个体主观体验及情感体验。但是需要明确的是，独立个体处于不同的社会背景下，对自尊的理解也各不相同。

自我效能感。以高校学生服务能力为切入点，研究认为，自我效能感主要表现为个体对自我能力的感觉；基于实际来看也涵盖了个体对于自己所需要完成某一特定行为的信念。假若一个人相信自己可以很好地处理某一事情，基于主观层面便会主动采取行动，并积极调整心态去面对生活学习。自我效能感在很大程度直接影响高校学生的社会行为，同时也在一定程度上决定了人们在具体环境中的行为模式。

1. 学校层面

（1）增强学生社会责任意识认知

《国家中长期教育改革和发展规划纲要（2010—2020)》中制定了提升学生服务于国家人民责任感这一战略目标，提出了社会发展新时期新背景下对大学生的责任意识认知的新要求。

理论积极引导。对于高校来讲，理论课教学仍然是达到教学目标的主要途径，其中包括专业课程、基础知识、理论课程、选修内容等。高校思政课程和基础教学理论教学，对高校学生形成自信心、丰富自身文化涵养及道德水平、增强社会责任感均有重大作用。所以高校可以通过开展思政理论课程教学的完成责任意识教育，并应当对有关责任意识教学内容不断丰富。首先，高校需要对传统文化积极引导，去粗取精，激励学生突破自我极限，鼓足勇气攻克难关，主动关爱他人并最终服务于社会。其次，高校还可定期开设有关理想教育、爱国主义、道德责任等方面的课程讲座，引领高校学生形成正确积极的"三观"，明确自己在复杂多元化文化浪潮中的航向；引导学生对自己的责任角色不断明确；引导他们树立"服务于社会"的价值观。最后，高校还可以将时政时事引入课堂教学中，实现热点及理论课程内容的充分结合，并引导大学生积极讨论热门话题，进一步强化大学生的社会认知，明确自身在社会中享有的权利职责，增强高校学生为社会服务奉献的责任意识。

社会实践养成。社会实践对大学生了解社会、服务社会、增强社会责任感至关重要，高校学生积极参与社会实践，有助于提高其自尊水平及社会职责感。如大学生走进敬老院、孤儿院等，可以更好地帮助老人与孩子；可以前往山区支教，向当地儿童传递正能量；也可参与到大型实践活动中去，培育他们的责任感。这些对大学生自信心和自尊心的提升都有良好效果。当代的大学生群体，由于自身存在较强的好奇心，渴望接触社会，希望在社会中有自己的立足之地，因此高校也需要充分利用社会实践平台，组织学生积极参与，让他们在实践过程中能够更好地培养法治意识及公民责任认知，明确自身的权利及义务，为以后进入社会奠定坚实的基础。

榜样引领。高校学生尚未真正地涉入社会，高校教学中的教师行为在一定程度上直接对学生产生影响。教师在教学活动中占据主导地位，会在一定程度上影响学生的思想与行为。保证良好的高校师德师风，必定能够积极引导学生保持正向心理。教师需要身体力行地发挥带头作用，真正地言行一致、以身作则。目前研究生培养模式以导师责任制为主，导师需要树立正向榜样，并引导学生更好地服务于社会。大学生的社会责任感会影响社会实践，只有在社会实践中才可以提升大学生的社会认知能力，也可以进一步强化学生的责任意识。校园中除了师生关系，生生关系也很普遍，同学之间互相影响，优秀主体会带来正能量。

（2）引导学生树立自身社会角色

高校学生的社会身份为学生，大学生的内心归属感重点在学校而并非社会。高校对于学生来讲是生活和学习的关键地方，高校学生普遍缺少与社会之间的联系。因此，高校学生可能无法精准定位自己的社会地位，这往往导致其社会责任感缺失。所以高校应引导大学生参与社会活动，设身处地为学生考虑，通过正向引导让大学生明确自身承担的社会性职责，在培养高校学生自尊的同时，培养他们的社会责任及担当意识，使其能够主动地融入社会，从而提高在校学生的社会适应性。

2. 个体层面

（1）强化学生责任担当意识

康德认为：每一个存在于社会中有价值的人，都需要承担其本身所需承担的社会职责，这一意识即社会道德责任意识。因此，首先应当通过多种途径不断增强大学生的道德理论素养水平，不断强化大学生的责任意识认知。大学生应当具备积极敢干的态度，在日常的学习生活中一旦遇及挫折困难，不应当惧怕困难和失败，而应及时调整自己的心态和情绪，培养承担的意志力及勇气。除此之外，高校学生还应当注意内省，形成良好的责任承担意识。

（2）拓宽社会角色认知

角色认知是指在社会发展中，任何人的日常生活工作，都会以其差异化身份出现，扮演社会上不同的角色，也承担了不同的职责。高校学生也有着多重社会角色，在家中是子女，在校园中是学生。高校生即将进入社会，需要实现由学生角色向社会角色的转变。但是有一些高校学生对自己的定位比较模糊，再加上尚未形成正确的个体社会角色认知，随着社会角色的不断转变，大学生也应当顺应并积极调整自己的角色，明确职责，尤其是即将迈入社会的毕业生，还应当认识到自己需要承担社会人这一职责。不仅需要不断拓宽自己原本的认知，还需要提高自己的能力。所以大学生应当在自己的成长中形成强烈的社会归属感及自我责任认知，不断努力学习科学文化知识，更要充分运用所学知识及技能来回馈社会，并服务社会，在服务中实现个人价值。

（3）能够准确自我评价

对于个体的发展，个体的自我评价至关重要。自我评价主要是指个体自我认知，对自己做出客观评价。保证自我评价的客观准确性，是形成自尊的重要基础。高校学生需要用客观理智的心态综合评估自己并仔细分析优劣势，以可持续发展的眼光看待自己的未来发展，并做出积极的判断评价。刘力平在研究中认为，大学生对于自身的综合评价效果一般。他提出高校学生在参与社会服务时，需要对自己的评价不断修正，更需要对自己的错误认知不断调整，从而形成正确的自我认知，并能够拥有更好的自尊水平。不仅如此，高校学生还需要重视自我肯定。

（4）激发学习动机

想要不断提升高校学生的自我效能感，应当充分激发学生的学习动机，培养其自身终身学习的能力，积极适应社会发展大环境，保证真正的与时俱进，提升学生适应社会发展的自信心及能力。激发高校学生的学习动机，需要综合考虑每一个高校学生是一个独立个体，自身的个体特征、学习风格及兴趣也各有不同，因此应当让高校学生根据自己的实际情况综合制定学习目标，以此激发合理的学习动机，并且要让学生随着外部环境的不断改变及自身承受能力的变化而改变自己的学习动机。由于学习动机是动态变化的，以个体自身的主观感受为主，因此只有结合实际情况，才能不断提升学生的自我效能感。

（5）培养学生人际交往能力

研究发现，部分高校学生仍然存在"社会退缩"这一倾向，更加喜欢虚拟的网络世界，不愿意和现实社会有更多的接触，缺乏和他人之间积极沟通的交流能力，这对于高校学生的全面发展十分不利。所以笔者认为主要可以从以下两方面，培养和提升高校学生的人际交往能力：

一是寻求社会支持。高校学生应该明确人与人之间应当彼此支持关爱，人们遇到困难可以积极求助社会，在拥有快乐的同时愿意和他人分享。充分且适当的社会支持，能够促进学生积极全面的自我评价。社会支持的不足则会导致个体评价消极甚至使高校学生产生自卑感。所以，高校学生应当不断主动寻求社会力量的帮助，有效运行可利用的资源，积极解决自己所面临的问题。

二是提升人际交往技巧能力。人际交往是人们在社会发展中与人交往的必需能力，大学生想要更深层次地融入社会，应当不断提升自身的交往技巧和能力。首先，高校学生需要掌握正确的与人沟通的方式及交流技巧。与他人交流是一门学问，同时又是一种艺术。在日常与人沟通的过程中，需要有亲切诚恳的态度，让他人感受到自己的真诚，避免出现哗众取宠、突显自己、垄断话题的情况。同时与他人展开交流时应当注意沟通言语的委婉，切勿主观武断地评价他人，在议论他人的优点及缺点时，委婉的言语可以让人更容易接受。不仅如此，高校学生还需要学会倾听，学会微笑。用笑示人可以拉近人与人之间的距离，同时也能够在必要情况下缓解矛盾，改变原本紧张的气氛，营造愉快轻松的氛围。

（6）获得成就感

研究结果表明，成就感会直接影响个体的自我效能感。假若高校学生将取得成功归因于个体的足够努力，便能够提升个体自我效能感，并增加个体成功的经验。通常情况下个体在完成一定的困难任务之后，即会变得自信，自我效能感也有所增强。反之，一旦大学生把自己的失败归因于努力不足时，自我效能感便会降低。也有其他研究表明，曾经参与志愿服务的大学生自我效能感水平明显高于未参与过社会志愿服务的大学生，以 G20 杭州峰会社会服务为例，参与其中大学生自我效能感水平明显较未参加的学生高。

三、 在服务中成长

（一） 马克思全面发展理论

1. 马克思需要理论

赵长泰在《马克思的需要理论及其当代意义》中系统阐述了马克思的需要理论，并指出人的需要对于人本身发展及人类社会发展，均具有不可或缺的重大价值。马克思需要理论对有关人的需要的系列问题有着正确回答，认为人不是与实际物质相脱离的精神实体，也不是生物学意义的物质实体，而是实践活动中出现的生产关系。"以人为本"就是说能够以社会中广大人民的利益为主，从而最大化地满足人民群体的真正需求。

马克思认为在社会主义建设中，每一个社会公民都需要劳动，通过劳动促进体力和智力的发展。马克思将人的需要划分为三大层次：生存、享受、发展。人们在吃、喝、住、穿等基础条件满足之后，才能够参与科学、艺术、政治、宗教、信仰等活动。以原始人为例，他们的需求就比较简单。随着时代变迁与社会发展，经济水平不断提升，更多人开始在满足生活基本所需之后追求享受。人吃饭不仅是为了维持生存体力，同时也讲求美味可口。人们穿衣不仅是为了保暖和遮羞，更追求衣料、款式、装饰等来彰显自己的形体美和身份仪态，满足自身的审美需求。享受是基于满足生存需求基础之上逐渐发展形成的。

马克思主义关于人的需要理论承认人的需要决定了动机，而动机的存在又产生了行为。大学生通常希望自己能够被他人尊重和认可，"服务"这一理念更是顺应了这种需求，因此高校需要引导学生的成长发展需求，提供多方面服务来满足学生的成长所需，充分激发学生的动机。尤其在社会主义市场经济发展新形势下，以生为本的理念更加凸显，更要提高对学生的服务质量。

2. 人的全面发展理论

马克思主义有关人的解放理论的核心即人的全面发展这一问题。马克思认为人的全面发展为"最自由、全面的发展"，想要实现人的全面发展，必须要实现人的活动及能力的全面发展、人的社会关系的全面发展、人的个性的全面发展。人的全面发展并非单独的个人发展，而是全社会每一个个体的共同发展，在此基础上实现所有个体自由发展。社会在不断发展的进程中，逐渐满足了人的全面发展所需要的条件。我国社会主义实践的发展更是从实践中不断总结经验，丰富人的全面发展理论。

马克思关于人的全面发展理论主要表现为以下几方面：

一是人的活动及其能力的全面发展。其主要指丰富人的能力，包括体力、智力、自然力、社会力、个体力、集体能力、现实能力、潜在能力及知情意等多方面，实现能力的充分发挥。

二是人的社会关系的全面发展。想要实现人的全面发展就需要人与社会共同全面发展，换言之就是指人所具备的社会属性会在人的发展中充分拓展，人与人之间的社会关系包括经济、文化、政治、法律、伦理、宗教、道德、交往、人际、家庭等不同的关系。

三是人的个性的全面发展。其主要内容包括：充分发挥个人的自然发展潜力；基于社会层面完善个人的身心；个人的发展需求相对来讲比较丰富全面深刻；以人为本这一观念凸显了马克思主义人的全面发展这一理论。实现人的全面发展要与未来理想社会的发展同步，始终坚持以人为本，达到社会主义新时期发展的新要求。促进人的全面发展也是新时期建设的本质要求，想要实现人的全面发展应当保证每个人都能够完整、全面、平等、自由且和谐发展。高校学生工作能够为学生提供服务并服从于育人这一终极目标，通过有效服务更好地帮助大学生塑造健全的人格。

（二）转变学生服务工作理念

传统的高校学生服务工作在开展中，往往对学生的主体地位有所忽视，更忽略了学生本身就有的自主选择权。传统学习模式主要以强制性理论知识灌输为主，以被动式学习为主，不重视学生的自主学习。传统的学生管理模式重教育轻服务，对服务认知不足。高校学生的成长发展需求，以及社会发展对于人才的需求，对高校学生提出了全新的要求，也要求高校开展学生工作时要转变传统理念，由管理及教育转变为统一服务的新型模式，以人为本，真正为学生提供服务。

1. 大学生个人成长发展现实需求

高校学生想要实现个性化发展需要综合考虑自身的多样化需求。学生是单独个体，在水平、能力、兴趣及素质多方面均存在显著差异，单一的管理模式及教学评价标准无法全面满足学生的成长发展需求。高校在教学管理工作开展中，往往对学生的共性需求更加侧重，对学生的个性化发展较为忽视。在落实学生管理工作中想要凸显以人为本理念，重点在于树立服务导向理念。只有真正立足教学管理实践，并以学生为出发点，满足学生的发展所需，才能真正实现学生的全面发展。不仅如此，高校学生工作还需要树立以服务为导向的理念，对不同程度、层次、类型的学生需求全面尊重、充分考虑，由此真正促进学生的个人发展，也由此顺应社会发展进程中的对人才的需求。

2. 加强改进思政教育工作现实需求

实现学生工作和思政工作之间的紧密结合，在一定程度上赋予了高校学生服务工作更重大的意义。高校只有为学生提供更加热情、更加全面的服务，才能够春风化雨，充分发挥服务中思政教育的真实作用。

3. 高等教育形式发展现实需求

随着高等教育的深入变革，目前的高校大学生群体已经不满足传统的教学模式，他们对教学模式提出了更高的要求。高校要摒弃传统的被动式规章机制及教学管理模式，把学生的被动地位转变为以生为主的主体地位，加强对学生合法权益的重视，重视为高校学生提供服务，促进学生的全面发展。开放性教学模式赋予了高校学生更多的话语权。由此可见，目前我国的高校教育已经发生了深刻的变革，面临的重大问题包括：现有高校服务育人体系如何完善，学生工作服务育人作用如何充分发挥并强化，如何能够实现最终的育人目标。

4. 社会主义市场经济及变革发展现实需求

高校学生的思想观念逐渐出现较大变化：一方面在于市场经济水平的不断提升，大大推进了高校学生人生价值观念的逐步更新，学生视野逐步开阔。在社会主义市场经济变革这一社会背景下，高校要真正地"以生为本"，并将此理念渗透在服务学生工作中，充分实现服务育人功能，对学生的工作服务内容不断完善，并对服务方式及环境不断改进，结合服务工作实际情况拓宽渠道，出台新的能够真正服务高校学生的规定政策，引导其形成正确的"三观"，促进高校学生的成长。

（三） 学生服务工作现存问题

1. 服务意识不强

由于受传统教学模式及教学理念的影响，高校中负责开展学生服务工作的相关部门，对为提供学生服务的必要性还缺乏一定的认知，现有的服务意识仍然比较薄弱。在长期发展中，我国多数高校开展的学生服务工作主要以对学生的教育、管理为主，对思政教育比较看重，通常集中于灌输式管理。随着近些年来高校学生管理工作范围逐渐拓宽，学生工作服务职能转变很大，就业指导、心理咨询及勤工助学等多项学生工作更是获得了飞速发展，但是通常会忽略学生工作的服务育人性质，多数学生工作管理者仍然秉持传统理念，未认识到学生工作的重要性。部分高校学生工作人员"以人为本、以服务为本、教育即服务、管理即服务"的理念比较淡薄，缺乏服务意识，无法做到学生管理工作职能的有机整合。面对学生成长中对学生服务工作提出的多方面需求，高校学生工作人员应当转变自身理念，深入、切实地为学生解决各方面的实际困难，并有机整合教书育人、管理育人、服务育人，充分提升学生工作的服务育人自觉性。

2. 服务功能发挥领域不全面

负责高校学生服务的有关人员，应当自始至终加强对学生成才全过程的关注，自新生入学至毕业离校，全程为学生提供高效且优质的服务。即便学生最终毕业走出校门，也需要为学生提供相应的后续服务，服务需要覆盖学生入学、生活、学习、心理、思想、实习、就业等各方面。在为学生提供服务的过程中，应当以生为本创设学生的成长学习条件，为学生提供解决生活学习中实际问题的方法，并结合学生的实际需求及个人特点。但是，目前多数高校的学生服务工作内容仍然集中于招生就业、入学指导、日常生活、学习指导、经济资助这几方面，缺乏对思想道德、心理咨询、素质拓展、后续发展的深入。不仅如此，对学生的社会服务、职业生涯规划与指导等服务工作仍然需要进一步改进。

3. 服务体系和运行机制不完善

部分高校在开展学生服务工作时，甚至尚未形成健全的机构机制，学生服务工作相关人员的思政教育水平及能力素质有待提高，而高校也并未加强培训。部分高校虽然已经建立了育人管理、检查、评估、奖惩等工作机制，但仍然缺乏执行力、监控力及奖惩力。部分高校在开展学生服务工作时甚至还存在刻意压制、专制甚至违法等情况，现有研究也缺乏对学生服务工作的学术性、前瞻性、预见性研究。

4. 服务形式浮于表面

学生服务工作形式流于形式、浮于表面，主要指的是在开展学生服务工作中，仍然采用传统的说教方式开展工作、提供服务，导致服务工作缺乏实效性并且没有真正落于实处。有些高校的学生服务工作仅仅浮于表面，诸多学生迫切想要得到服务的领域并没有服务深度。譬如心理健康活动层面，更多情况下只有学生有需要才会前往心理咨询室咨询，学校并未主动结合学生的心理情况做出及时评估和开设辅导活动。

（四） 搭建大学生成长服务平台

目前，大学生服务工作已经成为管理育人的关键途径之一，许多研究者认为服务模式是"高校学生成长的生命线"及"高校教学生命线"。所以需要不断强化高校的服务理念，不断完善全面服务体系。重视大学生的成长需求并将其转变教学着力点。应通过构建服务型高校，始终以高校学生的专业化学习为服务主体，重视对大学生知识结构的优化，综合培养大学生的素养水平，与高校教学实际相结合，共同搭设大学生成长服务平台。

1. 拓宽学生工作咨询、 指导、 服务职能

需要拓宽高校服务管理工作职能中组织机构的辅导、咨询职能，通过设置学生事务管理中心、学生生活服务中心及学生咨询指导中心，为大学生的发展提供更加专业的咨询、指导和服务。当然，目前各大高校也已经为促进学生的全面发展，建立了大学生心理咨询中心、大学生就业指导中心、后勤服务中心，为实现大学生的全面发展提供心理辅导、创业就业指导及生活指导等全面保障。但是仅仅如此并不能满足大学生发展的需求，高校学生的管

理工作应当提供更加全面且有针对性的咨询、指导及服务，应当创新管理组织机构、指导及服务形式。譬如 2013 年湖南省设立了湖南省普通高等学校特色成长辅导室，充分体现了在大学生思想教育管理工作方面的创新，不仅是管理平台上创新，更在管理形式上有所突破。成长辅导室项目通过运用思想政治教育新方法，以管理学、心理学、咨询技术等为辅助，以互动式交流的主要沟通方式，对学生在成长过程中面临的生活、学习、思想、情感及就业、心理等多方面的困难及压力积极疏导、辅助解决，做好学生的成长辅导工作。成长辅导室为促进大学生的全面良好发展提供帮助，主要辅导内容包括思想辅导、学业辅导、生活适应性辅导、职业规划、危机应对、特殊群体辅导等。除此之外，冯文全经过研究发现，通过在高校图书馆中开设"真人"图书馆满足学生对自己所需书籍的借阅，也是一种值得尝试的咨询辅导新方式。此种借阅方式不同于普通的图书借阅，它能够将"真人"视为借阅的主要对象，学生通过预约图书馆"真人"图书库内自己所感兴趣的"真人"，积极互动，了解更多自己感兴趣的话题。"真人"故事能够对大学生的自主成长提供经验并辅导启迪。这种方式中的"真人"通常由图书馆邀请的有关领导、专家、学院、部门负责人、专业课教师及学生干部等来扮演。目前高校学生处于多元化思想趋势下，面对愈来愈激烈的社会竞争，咨询、指导及服务工作职能的不断拓宽，对于提升工作实效与针对性有积极意义。

2. 着眼解决学生面临的普遍突出的现实问题

（1）服务高校学生创业就业

大学生就业这一问题随着社会环境的不断发展而变化，是经济水平不断提升、文化变迁、教学改革及就业形势转变这一背景下，多因素引发的复杂问题，更是目前人们普遍关注的重大问题。劳动力市场结构失衡，社会产业结构不合理，依赖计划制度及政府职能错位，这些问题均加剧了高校学生的就业困难。重视大学生关心的现实问题，促进大学生就业创业，是目前实现高校学生工作全面发展的重要途径。政府及社会针对大学生就业创业这一问题采取了部分举措，高校重视大学生创业就业的科学指导、制定职业规划辅导，提供实习就业辅导，以此提升学生的就业能力；以拓宽高校学生的就业渠道为主要着力点，全面开展服务工作，促进学生成长。不仅如此，顺应当

前社会发展所需，建立大学生社会主义核心价值观培育及就业引导联动机制，更是目前实现我国社会主义核心价值观的重要体现，也是对大学生就业问题的深入了解与探索。

首先，需要建立高校学生社会主义核心价值观培养和大学生就业创业指导联动机制。大学生通过积极参与"民主、富强、文明、和谐"实践，共享"自由、平等、公正、法治"的社会成果，并在此过程中不断完善"爱国、敬业、诚信、友善"等道德观念。培育高校学生形成社会主义核心价值观，能够促进大学生主动承担历史使命并主动满足社会发展所需，树立牢固的爱岗敬业观念，并对道德理念内化于心、外显于形，对就业的适应性及稳定度充分提升。

其次，培育大学生社会主义核心价值观及大学生就业引导联动机制，主要以如下三方面为切入点：

一是可以建立教育结合网，开展高校学生核心主义价值观的主题式教学；充分利用校园文化、课堂教学及网路平台等多途径，充分发挥学校建立的联动机制作用、社会的导向性作用，从而建设对核心价值观全面认可的大环境。

二是建立联动机制主体，即以高校学生个人为主。俗话说，"打铁还需自身硬。"通过在高校学生与社会之间建立密切联系，引导学生积极参与社会实践，并充分结合专业知识及社会所需，让高校学生明白如何做对社会有益的人。

三是制度决定未来。政府需要经过系列制度建设，从而保证全面落实联动机制。首先是对联动机制的全面规划、科学设计。国家通过在国家发展规划纲要中，纳入培育高校学生的社会主义核心价值观及就业相关政策规定，并编制我国大学生就业规划，建立并不断完善大学生就业法律保障体系，不断推进我国的人事制度创新变革，合理配置我国高校大学生的人力资源，以政府为主导，充分发挥引导功能，对高校学生的就业渠道不断拓宽，对诸多就业服务逐步健全完善，不断更新就业观念，除此之外，还需要对社会主义核心价值观的培训评估体系不断完善。其次，加强制度的落实保障，强调制度体系的可管控性。对于国有企业的招聘联动，有关规定明确指出招聘需要对社会主义核心价值观的有关内容全面考察，凸显大学生就业这一主题，并在大学生就业中加大核心价值观的导向弘扬作用。

（2）切实帮助青年学生解决实际问题

开展高校学生的贫困助学工作，结合实际情况不断完善评定机制，制定科学的奖助学金评定程序及反馈、激励机制，以确保高校学生奖助的公平、公开、公正。与此同时还要积极开展爱心捐助、"爱心一对一"互助帮扶等活动，并且建立勤工俭学的助学机制，不断拓宽大学生校外实践勤工助学的范围，针对特困生群体提供更多助学机会，切实保障大学生群体在就业中的利益。

（3）重视大学生心理健康

结合我国目前多数高校大学生的实际生活、学习、社会实践情况，多数大学生的心理状态都是健康的，但是仍然需要高度重视。有关调查研究结果发现，目前高校学生中普遍存在的心理健康问题，主要包括学业、情绪、情感、生活适应、人际关系、焦虑、特殊群体心理健康等。所以，高校需要重视目前存在的心理健康问题群体，通过开展心理健康普及宣传活动，开设心理咨询室，邀请专业心理师开展心理健康教育活动，防患于未然，积极干预心理健康问题群体的心理，创建积极向上、健康阳光的高校氛围。不仅如此，高校还需要把学生的心理健康指导工作列入学生指导委员会工作中，统一领导管理；还可设立宏观统筹协调的组织机构，以高校全体学生为管理目标，以学生的日常教育管理为主要途径，成立具备专业心理咨询能力的师资团队及辅导员队伍，积极配合、共同开展大学生心理健康教育及心理咨询工作。高校对学生心理健康咨询、辅导组织机构统一领导管理，建立校、院系、班级、寝室四级工作网，能够按照具体的心理健康教育需求开展心理咨询，通过经常性、需求性、个体性三种不同的心理健康干预模式，畅通渠道并协调队伍工作机制。

3. 搭设高校学生素质提升平台

（1）组织大学生校园文化活动

开设校园文化活动是实施思政教育及管理的关键途径和有效方式。教育部在有关文件中指出：应当精心设计并组织开展内容丰富、形式新颖且吸引力较强的思政、科技、学术、文娱、体育等校园文化活动，并在校园活动中渗透德育、美育理念，让高校学生群体在参与校园文化活动中熏陶思想情感，充实学生的精神生活，使其道德境界进一步升华。但在实际中，高校校园文化活动组织开展情况却不容乐观，仍然存在校园文化活动宣传力度不足、影响范围较小、活动品位较差、活动流于形式、缺乏活动经费支持及充分指导、缺乏实效性及针对性等问题。对于高校校园文化活动而言，首先应当重视结合高校学生实际情况，保证校园文化活动的针对性、有序性、审美性及效益化目标，以便对校园文化活动开展积极指导。其次，需要完善校园文化活动开展机制，创新品牌、扩大影响力，并创新活动开展手段，组建强有力队伍，充分激发校园文化活动的生命力。最后，应当下移校园文化活动的开展重心，充分调动学校、系部、班级三类管理机构，并结合"官方、非官方"的立体形式交叉开展。除此之外，还需要重视建设社团、寝室、网络及基地等文化阵地，从而扩大校园文化的影响力度，扩大高校学生的受益范围。譬如，某高校通过开展诚信银行、校园文化艺术节、道德银行、感动校园十星学子评选、巡礼校园等多样化创新文化活动，不仅引导学生广泛参与其中，更充分发挥了服务的引导功能。

（2）大学生社会实践教育活动

开展大学生社会实践教育是开展高等教育的关键组成，同时也是培养高校学生综合素养水平的重要环节，大学生通过对社会的观察、了解和分析，对国情、世情有比较全面的了解，可以形成正确的"三观"。面对新形势及新任务，应当不断拓宽大学生的社会实践教育活动。首先，需要对社会实践活动方式不断创新，保证社会实践网络可以将高校学生全面覆盖。其次，还要拓宽社会实践互动服务内容，对青年学生进行积极引导，宣讲党史、宣传政策、考察国情、保护环境、教育帮扶、科技兴民、医疗支农等社会实践服务项目，引导高校学生扩大社会实践覆盖面。最后，还需要对大学生参与社会实践积极引导，让大学生在社会实践活动中成长、发展，引导大学生提升自我。但是需要明确的是，社会实践并非一朝一夕之事，需要从管理、保障、指导、基地等多方面建立综合长效机制，充分发挥社会实践教育的服务育人功能。

（3）大学生志愿服务活动

志愿服务活动是大学生参与社会实践的主要途径之一，更是大学生获得个人成长经验的关键途径，大学生要积极参与志愿活动，在活动参与过程中积极提升个人素养水平，充实自己的大学生活，实现个人价值。志愿服务活动在一定层面上增强了大学生的社会责任感，更强化了高校学生的公民意识及奉献精神，也进一步开阔了大学生的视野，使其在不断努力的过程中丰富人生经验，提升自身的专业知识技能水平。应当建立完善的管理机制，开展规范化、制度化的长期志愿服务活动。首先，要建立志愿服务队伍认证机制，不断增强高校学生的志愿组织归属感，使其真正地以组织为荣，团队之间应互帮互助、充分协作。其次，要建立服务对象评价机制，通过服务评价更好地帮助并引导大学生提高自己的社会服务能力。再次，要建立服务情况汇报制度，并结合志愿服务评价制度建立志愿服务奖励机制，结合高校学生的实际服务情况客观评价并予以对应鼓励。在奖励方面，可以对大学生志愿者的择业、就业、创业等方面综合考虑，给予优先安排或政府优惠政策支持。高校还应当加强志愿者招募机制，对培训表彰机制及志愿者组织不断完善；引导大学生对志愿服务活动积极参与，真正弘扬奉献、互助互爱的志愿精神。

第三章　以文化人

——涵育良好品行

桃李不言，下自成蹊。

——《史记》

　　《中华人民共和国国民经济和社会发展第十四个五年规划和 2035 年远景目标纲要》提出，要坚持优先发展教育事业，建设高质量教育体系，推进基本公共教育均等化，提高高等教育质量，深化教育改革，建立健全教育评价制度和机制，发展素质教育。随着我国基础教育变革的逐渐深入及市场经济水平的不断提升，社会各层级和家长对学校教育从规范期待转变至优质期待，呈现出愈来愈剧烈的择校趋势。建设优质学校已经成为当前的主要任务。每一所学校都面临社会及家长的选择，应当在激烈竞争中提高自身的竞争力，而高校的竞争力重点在于其培养的人才的质量。学校文化已经是目前竞争的关键。学校文化能够充分整合技术、管理、人才及资金，是学校可持续发展的力量，是学校发展的灵魂与生命，已经超越了单纯的知识传授及人才培养，是一种更高、更自觉的追求，能够营造积极向上、健康的人文氛围，也体现了人文关怀、审美情感及创新意识等价值取向。

　　2018 年 5 月，习近平总书记在纪念马克思诞辰 200 周年大会上的讲话中指出："国家之魂，文以化之，文以铸之。"21 世纪是一个不断发展变革的时代，经济全球化、社会知识化、信息网络化、文化多元化是时代发展的潮流，改变了人们的价值观及行为方式，更引发了教育的变革，学校文化建设面临着强烈的冲击和挑战。一是多媒体时代背景下的网络普及，新技术对学校文化建设产生影响，学生一旦痴迷网络，便会引发多种心理和学习问题。二是多种文化思想对学生的影响，对外来文化要取其精华去其糟粕。三是市场经济的发展和市场经济逐利价值取向，容易导致部分高校学生产生消极思想。四是我国进入教育深入变革期，实现了学校追求的个性化教育和社会化教育，对学校的文化育人环境建设提出了更高的要求。学校文化建设面临多方严峻挑战，可以通过熏陶、暗示、规范、启迪、管理、服务等多种方式，对学校成员的思想理念、道德体系、行为习惯及人格心理形成积极影响，建设好文化育人环境的同时也能游刃有余地应对教学变革背景下的多方挑战，全面提升学生的德、智、体、美、劳。

一、 文化育人环境

（一） 文化育人环境建设理论阐述

1. 文化的概念

文化具有尤为丰富的内涵。研究者的学术专业背景不同，对于文化的概念界定角度也不同，因此对文化的定义有着差异化的表达。19 世纪，克莱姆提出文化中包含的几大因素：工艺、技巧、习俗、家庭、共同生活、科学、宗教及艺术。爱德华·泰勒基于克莱姆对于文化界定的基础之上对这一定义进行了拓展，在 1871 年出版的著作《原始文化》中，界定为文化或文明。在我国，"文化"一词早已出现。发展至现代社会，《辞海》基于广义和狭义两个层面对"文化"进行界定，广义层面主要指的是"人类社会历史实践过程中，人们所创造的社会物质、精神财富的总和"，狭义层面主要指的是"社会形成的意识形态，以及对应的制度及组织机构"。纵观不同时代不同地区背景的研究者对于文化的不同历史语境阐释，我们可以发现"文化"实则存在于人类社会发展中，是最终积淀形成的精神成果，以及由此具体化的外在表现。

2. 高校文化育人环境的内涵

本章所说的高校文化育人环境，从广义上说是指在高校教育过程中，对大学生的思想观念、价值取向、行为方式及思想政治理论教育效果有可能发生交互作用和影响的一切外在人文条件和人文因素的总和。这个界定的外延是十分广泛的，既包括自发的人文环境因素，也包括自觉的人文环境因素；既包括外部人文环境因素，也包括内部人文环境因素；既包括教育活动实施所处的宏观人文环境，也包括教育者、教育对象所处的中观和微观人文环境。

从狭义上说，文化育人环境指教育者按照一定的教育目的，有计划地选择、加工和创造的，对大学生思想道德品质培养产生感染、熏陶、激励、约束和教育作用的外在人文条件和人文因素。它主要包括教育的时空环境、组织环境、语言环境、教学情境，教育主客体的人际环境、人格环境和心理环境等。广义的文化育人环境包含狭义的文化育人环境，也就是说，狭义的高校文化育人环境是广义的高校文化育人环境的重要组成部分。

本书是在广义文化育人的界定下使用高校文化育人环境这一概念的。

3. 文化育人环境建设

建设学校文化育人环境，是学校文化的不断形成及重构的过程，对于具备一定办学历史的学校来讲，学校文化建设是学校理性且自主的总结、概括、分析并反思学校的现有文化，同时在此基础之上结合学校的发展变革新目标，将新文化要素引入其中，重新改造并充实现有文化，实现对学校优秀文化传统的弘扬，并对学校文化环境不断创新。具体来讲学校文化育人环境建设需要实现以下几点：一是形成或结合实际需求重构高校核心价值理念，保证其充分满足社会发展及学生身心发展所需；二是基于重构学校核心价值观为导向，反思学校颁布的各项机制系统，准确分辨其中的粗与精；三是结合新时期的核心价值观及反思结果，借助多种途径或方式，实现学校各项机制的不断创新变革；四是全校上下师生之间能够凝聚共识，营造更优的文化育人环境，促进学校实现可持续发展目标。建设学校文化育人环境的关键点，在于总结概括学校的现有文化并不断分析反思，经过校本培训、实践反思、案例分析、民主讨论及行动研究等多种方式，实现观念的充分转变及制度革新。建设学校文化育人环境充分体现了学校组织的教育性特征，更对学校的育人质量过程有充分提升，真正体现了学校的社会价值。

（二）文化育人环境的结构

根据由内至外、由深至浅的顺序，将学校文化育人环境结构划分为学校精神文化育人环境、学校制度文化育人环境、学校物质文化育人环境、学校行为文化育人环境四大层次。

1. 学校精神文化育人环境

精神文化育人环境是学校文化育人环境建设中的观念层，深层次地表现了学校文化，主要指的是学校在长期教学管理服务实践中，经全校师生共同认可并遵循的文化、价值、理念、思想、精神成果的集合。学校精神文化育人环境是无形的，存在于学校物质文化、制度文化、行为文化中，而这三者则需要在精神文化引导下创建，因此建设学校精神文化育人环境至关重要，是学校文化的核心及灵魂，也是真正引领学校文化理念的价值导向。具体来讲，学校精神文化涵盖学校精神、学校价值观、学校形象三方面内容。

（1）学校精神。学校精神主要指的是高度概括的差异化观念，是学校精神文化观念的核心组成，以校歌、校训、校徽等多种方式呈现。

（2）学校价值观。学校价值观是学校精神文化环境建设的核心点，对于学校全体成员来讲是文化价值及意义的最终判断，师生及相关人员依照核心价值观念不断对自己进行反思并规范改进，最终形成的合力促进实现学校目标。

（3）学校形象。学校形象主要指的是外界对于学校形成的整体印象，综合反映了学校的文明程度及素养水平，主要表现包括学风、校风、教风等。保证良好的学校形象能够在很大程度上增强全体师生的自豪感及归属感，也能够对外提升学校知名度、影响力，以及树立学校特有的文化品牌。

2. 学校制度文化育人环境

学校制度是对学校内部的多种关系妥善调节并保障学校运作稳定正常的多项规定制度的总和。学校制度文化育人环境建设，包括学校的规章机构管理系统及组织结构，制度文化是学校管理工作结合学校文化生成的融合产物，更是学校组织机构形成、运作，以及制定规章机制并完善落实最终形成的文化形态。通过全校师生的自觉行为，保证精神文化能够真正地深入人心，是建设学校制度文化育人环境的有力保障。学校组织机构是学校为了达到育人目标，结合学校的发展情况制定的学校各组成机构关系的表现形式，对学校成员的工作沟通、权责范畴进一步规范，最终建立的结构灵活、运转合理的组织，有力确保能够顺利完成学校任务并达到教学目标。学校管理制度文化是学校管理为了能够最终实现育人目标而制定的以条文方式呈现的每位员工均需遵守的行为准则条例。这些准则条例不仅是制度化行为的规范，更是学校管理者应当依据的客观标准，以及教学实践的重要保障。总而言之，学校制度文化育人环境是这一种规范行为及组织的制度文化，能够对全校成员的行为价值观念形成较大影响，更是检验一所学校文化建设程度的关键依据。

3. 学校物质文化育人环境

物质文化育人环境最直观地呈现了学校的文化育人成效，是承载学校文化的主要物质载体，是学校在发展过程中，在长期内部环境作用下，全体成员共同教学、生活、实践所共同累积、创造、共享的物质设施文化育人环境。学校物质文化不仅反映了学校的真实情况，更集中体现了蕴含的学校精神，综合概括了学校实体结构关系。其主要包含两方面要素：一方面是硬件要素，包括学校所处的建筑样式、地理位置、建筑布局、教学设施、标志性设计、校园绿化等；另一方面是硬件中包含的软件要素，包括学校办学理念、传承精神、哲学观念及社会需求。通过硬件要素能够更好地了解学校的软件要素，譬如办学理念、学校的核心价值观念，能够反映学校的真正文化内涵。

物质文化育人环境能够为达到学校的人才培育目标提供良好氛围，能够潜移默化地影响学校全体成员的学习方式、价值观念及道德品行。苏霍姆林斯基曾表示：教育的真正艺术不仅在于人与人之间的关系、成人榜样及语言、集体传统，更关键在于物质和精神财富均能够起到育人作用。学生处于一定的文化育人环境中，根据环境和丰富的集体生活中存在的所有事物展开教育，是极为微妙的。在学校文化育人环境建设过程中，每种实际存在于学校的物质都能够育人，如此一来，营造真正展现学校办学理念及核心价值观念、彰显学校传统精神文明的环境，使学生身处这一氛围被逐渐熏陶，进而可使其主动、自觉地对自己的言行品性不断规范改进。

4. 学校行为文化育人环境

学校行为文化主要指的是在学校的发展变革过程中，经过一系列活动所形成，并表现于形的理念、思维、习俗、心理等文化形态的总和。学校行为文化育人环境是学校的文化活动层，不仅能够将全体师生的精神品位、文化状态及行为操守直接展现，还能够动态化反映学校的办学理念及核心价值观念。学校行为文化育人环境是学校文化育人氛围的外现，能够向师生传达学校的核心文化及精神文化。建设学校行为文化育人环境，主要是为了让全校师生的行为举止展示学校的核心价值观及办学理念，并将学校文化贯彻落实学校活动中。学校行为文化在多种活动中动态化出现，包括学风、教风、工作作风等，均可借助多途径不断丰富学校的物质文化内涵，这也是检验学校制度文化的重要标准。基于学校行为文化主体还可以进一步划分学校行为文化育人环境，包括教师行为文化、学生行为文化。

（三）文化育人环境建设的时代召唤

1. 学校文化的功能

（1）导向功能和凝聚功能

学校文化的导向功能包括：学校文化可以引导师生产生正确的核心价值观念，即价值导向；学校的制度文化可以为全体师生提供需要遵循的条例规定，即制度导向；学校文化能够借助行为文化为学校全体师生提供参照榜样作用，即行为导向。学校文化育人环境的功能在于其能够产生向心力，凝聚全校所有师生，不断增强集体成员的成就感及归属感。假若全校所有成员高度认可学校文化环境，他们就会对学校的制度文化及行为文化进行自觉维护，学校文化也会产生较强的凝聚力，做任何事都会达到"众人齐移泰山"的效果。

（2）品牌功能及检释功能

学校文化的品牌功能在于良好的学校文化能够增强师生、家长、社会对其的信任感，进一步为学校创造更加高水平的师资力量，也可以让学校的影响力进一步扩大，创造学校的文化品牌效能。随着目前各大高校之间的竞争日趋白热化，学校品牌文化也变得至关重要。学校文化环境的检释功能也称为检储及诠释功能，前者主要指的是学校文化育人环境，能够筛选人类文化基础，选择性接受继承；后者主要指学校主体文化能够经过不断的澄清，并对学校文化做出相应的评估，赋予其特别的文化内涵。学校文化检释功能会将学校的历史文化转变为可控制的有意识文化发展过程。

（3）教育功能和创造功能

学校文化的教育功能不同于其他的亚文化功能，它贯穿了学生在校的所有时间，存在连续性文化育人效果，且文化育人环境发挥教育功能有着明确的计划性，学校文化承担了使人社会化的教育功能。学校文化的创造功能是学校文化的主体功能，主要表现在高校经过对自身传统文化的发掘，去粗取精，推陈出新。

2. 从学校存在价值看学校文化建设

目前社会资源日益短缺，教育事业占用了大量的人、物、财，几乎是我国目前最大的公益事业。国家、政府甚至社会群众，都在不断探讨学校的价值，以及学校对于人类社会文明的贡献。目前知识经济社会背景下，人们具备新的思维生产方式，社会转型也加剧了社会的复杂程度，需要更多复合型人才来促进社会发展。随着社会发展经历多次变革，传统的学校教育理念及形式已经无法适应社会对人才的需求。通过学校文化育人环境建设，提高学校对于外部社会环境变化的应对及满足内部环境需求，也是我国教育事业变革的动力及未来发展所趋。

3. 实施素质教育的有效方式

进入 21 世纪，社会上发生的一系列变化也在一定程度上给我国的教育事业带来发展机遇和挑战。目前科技水平的不断提升、经济全球化不断发展，以及社会的整体发展需求，都要求 21 世纪的人才应具备更加扎实的科学知识和较强的学习能力。《中共中央国务院关于深化教育改革全面推进素质教育的决定》中明确指出："应当全面推进我国的素质教育进程，培养 21 世纪所需的新人。"这也说明素质教育已经成为当今时代背景下我国教育事业变革的方向指南。

不同于传统的应试教育，素质教育需要摒弃传统以分数看人的片面理念，否定一味地灌输应试知识。不仅如此，素质教育还重视理解并消化知识，更重要的是要求培养学生自主获取知识的能力。素质教育的实施以综合提升学生整体素养水平为主，培养学生的创新精神及实践能力，培养真正具有"道德、理想、纪律、文化、德智体美劳全面发展"的社会主义接班人。

素质教育的本质价值是以人为本，对受教育主体的个性需求更加关注，还重视学生的真实感受及精神世界。推行素质教育应当在学校中创造相应的文化氛围，并建设学校文化育人环境，让在校的师生都能够领悟到文化，获得内心深处的力量来提升精神境界，如此一来，文化育人环境建设也具有潜移默化的隐性育人作用，最终有效提升学生的综合素养。所以学校文化育人环境建设是素质教育实施的关键手段，两者之间互相联系、互相作用并充分渗透。

4. 基础教育课改的必然要求

我国教育部明确落实课改任务：要全面贯彻落实我党政策方针，对基础教育课程内容、结构进行改革，并建立符合素质教育需求的基础教育课程体系。实现基础教育课改的目标包括：转变传统的课程功能，把传统的灌输式教学模式转变为学生能够学会学习、合作、生存和做人的启发式教育。充分体现课程结构的综合性、均衡性及选择性，密切课程内容与生活、时代之间的联系，充分改善学生的学习方式，培养学生对信息的搜集整理能力，最终获得分析、交流、解决能力，建立与素质教育一致的考试评价制度，推行三级课程管理机制，提高学生的学习适应性。

为了真正实现课程价值追求，推进实施新课改，学校应当在办学理念、学校组织机构及教育形式多方面实施变革。基于客观层面，学校需要建立具有原创活力及精神感召力的文化，即课程教学的深层次变革。课程变革的核心是通过创建具有个性的学校文化。学校文化育人环境建设是实施课程变革的终极诉求，具体来讲新课标变革也需要将学校精神、制度、物质、行为、文化作为支撑点，新课改及学校文化育人环境建设之间应当互相依赖、互相促进。课改对高校环境文化建设也提出了更高的要求，对于高校本身来讲课改是文化育人环境建设中的关键，因此课改需要借助学校文化育人环境建设来实现。

5. 开展德育工作的重要载体

学校文化育人环境建设是学校开展德育教学工作的关键组成，更是展开德育工作的主要途径及关键载体。建设学校文化育人环境是实施德育的关键途径，良好的学校文化育人环境对学生产生积极作用，也能够培养学生的道德品行、情操及行为举止，提高学生的精神境界。学校文化育人环境建设对于促进学生的良好发展，具备潜在性及长效性。潜在性主要表现在经过建设文化育人环境能够对学生造成潜移默化的影响。长效性主要表现在高校学生能够在学校文化的熏陶作用下，最终形成积极向上的人生观、价值观及世界观。学校文化育人环境的建设可以通过开展各项多样化学校活动，譬如社团、社会实践、文娱等活动，以此培养大学生实践参与的兴趣。同时，提高学生的动手操作能力，提升学生的组织管理能力，鼓励他们掌握多种技能，并形成对生活、劳动热爱的信念，最终走向社会，取得良好发展。

6. 多元文化推进高校育人改革发展

国际间的交流联系，是世界的也是民族的，不同国家不同地区的文化发展呈现多元化趋势，更多时候不断借鉴先进国家的思想文化，与自己国家的文化充分融合，也成为自己国家文化的一部分。只要是对我国发展具有一定价值且适合的文化，取其精华、去其糟粕，都可以充分借鉴。对于中国这样一个具有悠久发展历史的国家，传统文化有着深远的影响力量，多元文化也为我国未来的发展创造动力注入新内容，为青少年德育环境建设提供更加广阔的空间，实现国内外信息之间的充分交流。让高校学生的思想境界更加开放多元，同时提高学生对多元信息的吸收能力。处在现代化多元道德教育背景下，年轻人在受教育过程中也有更多的选择空间，提高了他们对文化思想的辨别能力。因此开展现代教育应当立足新的发展点，以德育环境建设为着手点，对高校学生的思维道德动向精准把握，并开展多种文化活动，有效提升高校学生的德育水平。

高校德育同时也促进多元文化繁荣发展，想要真正实现多元文化繁荣发展的根本途径，一要对高校传统的德育方式改造，在突破传统文化的基础上形成新文化，学校展开德育不仅需要继承传统文化，同时还需要充分发扬时代精神创造新文化。二是需要坚持并明确德育方式，充分借鉴不同的文化精髓。三是高校的德育环境建设促进了现有文化的进一步创新，实现了大学德育与文化价值观的直接接触。

二、 推进文化教育

（一） 高校校园文化与教育的关系

高校的教育工作和校园文化之间存在着密切的联系，建设校园文化与思政教育，均是高校展开教育事业的关键手段及重要内容。思政教育和文化之间联系密切，不可分割。一定层面上，社会的思想政治教育理论、内容及人们的思政素质，是社会文化含量的关键组成，想要推进高校的思政教育发展，应当推进社会大环境的文化水平。基于另一层面，高校的文化环境也为思政教育创设条件，一旦脱离特定文化环境，思政教育也失去原本的支撑载体。因此两者之间存在辩证统一关系。

1. 校园文化与思政教育相辅相成

高校校园文化不仅是展开教育事业的环境氛围，而且具有导向性、凝聚力及约束力，其功能与思政教育目标一致。高校校园文化包含诸多精神内涵，包括高校的育人目标、学风、教风、校风等。在高校的校园文化中，制度建设尤为重要，是展开思政教育的有力保障。高校校园文化中存在的物质文化所反映的人才观念、教学理念、办学方针、校风及道德风尚，与高校的思政教育目标一致，高校的校园文化在潜移默化中影响了全体师生。因此校园文化是教育事业的开展基础，通过提升思政教育的针对性，充分发挥思政教育的作用，改善校园文化。除此之外，高校思政教育还有着较强的校园文化指引和调控作用，高校学生通过思政教育真正地融入校园文化建设中，在校园文化中陶冶情操。校园文化是教育的重要形式，处于现代教育背景下，校园文化的内容及形式也在不断创新，充分发挥了校园文化对于多元化人才培养的重要作用。所以校园文化和思政教育两者之间相辅相成，互相促进，辩证统一。

2. 思政教育是校园文化的核心

开展思政教育对于校园文化建设尤为重要，能够为其指明方向，并在思政教育基础之上，不断总结经验推进校园文化建设，保证高校的校园文化可以沿着正确的方向前进。首先，思政教育为校园文化的形成指明方向。思政教育属于文化范畴，具备政治性的同时也具备了文化性。开展思政教育对于传播主流文化、引领社会新发展十分重要。校园文化是社会文化的组成，也是高校教育事业下的衍生品。不仅如此，思政教育还是准则，设定育人目标及教学内容，确保高校学生形成正确的价值观。其次，思政教育经过理想信念教育及意识形态教育，能够在高校育人中引导主流意识形态，从而引导学生形成正确的"三观"，提供准确的文化建设方向。我党在社会发展过程中始终重视意识形态工作。只有在教育变革背景下重视文化教育，才能够尽可能地预防高校学生出现享乐、拜金主义倾向，推动大学校园文化的正向发展。最后，思政教育是高校校园文化的核心内容。思政素养水平是大学生的核心素养，这也是我国高等教育宗旨所决定的。

3. 校园文化是思政教育的重要载体

高校校园文化不仅补充并延伸了思政教育，更是思政教育的实现载体。近些年来人们更加关注建设高校校园文化，这是由于高校校园文化决定育人环境，还可以强化大学生的思政教育，也可以进一步提升高校学生的思政教育实效性。大学生是校园文化的主体，积极参与建设校园文化，他们不仅是校园文化的实践者和创造者，更是校园文化的使用者。大学生有着活跃的思维，不仅具备积极参与建设校园文化的意愿，同时还具备相应的能力。他们在校园文化的建设过程中，不仅享受校园文化，接受积极影响，同时也展现了校园文化主客体的统一性。也正是由于校园文化具备了主体及客体统一的特性，再加上文化育人形式多样性及潜移默化的非强制性，可以在润物细无声的渗透教育中，对高校学生予以正确积极的"三观"导向。因此在校园文化中融入思政教育，能够帮助思政教育渗透到高校学生的文化学习中，更易实现思政教育方式的创新，从根本上对传统的思政教育模式有所突破，增强高校文化教育的生命力及说服力。

（二） 校园文化的思政教育功能

校园文化建设尤为重要，由于校园文化是隐性的教育方式，能够潜移默化地对高校全体师生产生积极影响，因此校园文化是社会主义先进文化的重要组成，只有促进其个性化发展，才能够培育德才兼备的学生。

1. 规范约束行为提升道德水准

在高校制度文化育人环境中，校园条例与规定是不可缺少的重要组成，是维护高校良好发展秩序严谨的关键。每年开学高校都会向学生发放学生在校规范手册，其中明文规定了学生在校生活学习的方方面面。不仅如此，高校还设置了相应的奖惩机制，激励学生确保日常行为的正确性，并对高校学生的错误不当举动充分抑制，让学生明白什么是该做的，什么是不该做的，并长期贯彻执行。如此一来，不但切实可行地规范了校园环境，而且使学生形成良好的思想行为习惯，进一步有效提升对学生的道德水准。

2. 融合符合时代的价值观

当代社会不断变化，高校的校园文化相对稳定，校园文化可以真正地让高校学生看到、听到并且感受到其中蕴藏的信息价值。校园文化既是历史传承的沉淀，也是现实的积累和创造。高校的校园文化承载着思政教育，并充分体现了我国的社会主义核心价值观及价值取向。校园文化蕴藏的价值、信念对于教育事业具有"风向标"作用，不仅对有关事物行为予以评定，还会指导高校学生如何取舍，成为更好的自己。高校结合自身多方要素，在校园文化中融合与时代相符的价值观念，用时代精神引领校园文化建设，进而对大学生的行为准则产生积极影响，朝着目标发展。

3. 塑造学生高尚情操

高校的校园文化环境是全校师生生活和学习的主要空间，使社会化子系统具有了可感知性，通过开展校园艺术活动能够在一定程度上提升学生的审美能力，也可通过开展"高雅艺术走进校园"等文娱活动，让同学们在活动过程中真正感受舞蹈、话剧、芭蕾、喜剧等文化艺术的魅力。也可举办志愿者活动引导学生积极参与其中，寻找人生真正的价值。校园文化在物质设施基础之上，规范学生的行为，培养学生的涵养，提高学生的情操素养。在多种文娱活动中渗透思政信念、道德观念及情操品行，保证学生能够身处文化情境中，如此不仅陶冶了情操，也提升了心理、文化及思想素养，完善了大学生的人格。

4. 辐射示范作用

高校的校园文化具有示范性影响作用，一方面能够向现代化社会输送高素养水平的从业者，另一方面还能够为社会的良性发展形成良好的大环境范例。由于文化具有开放性特征，因此高校校园文化便会和社会之间形成一定的联系并互相影响，这样不仅会影响校内文化，还会以不同的途径影响社会。大学是学术自由、思维独立的地方，不仅如此，高校的校园文化还具有优势阵地作用，譬如文学、哲学、思想道德建设等，均是社会发展进程中不可或缺的。除此之外，高校的校园文化还会形成新的思想观念及思维方式，对当地的精神面貌产生一定影响，高校塑造的校园文化是区分大学的重要标志，也是示范作用的集中展现。

5. 促进校园团结，凝聚师生精神合力

高校师生的共同价值观是在长期动态过程中形成的。在开展多样化校园文化活动中，师生之间交流理解并经过校园文化活动建立师生认知，形成共同信念，这也是充分发挥高校校园文化思政教育功能的关键。

6. 创新功能

高校是以师生为主的组织团体。高校每时每刻激发学生的创新潜能，提高学生的综合创新能力及素养，就能彰显高校校园文化的创新功能。开展多样化的校园文化活动，譬如大学生创业创新大赛，不仅能帮助高校学生真正地学以致用，还能更好地帮助高校学生实现自己的职业理想。

（三）发挥高校文化教育功能

1. 坚持以人为本

（1）尊重学生的主体地位

推行民主管理是开展现代化素质教学的核心点，学生是高校文化教育的主体，坚持以人为本，尊重学生的主体地位，尊重学生在教学工作开展中的知情权、表达权、参与权、决策权。推行民主化管理能够有效增强学生的民主责任意识。通过定期举办交流会及开展学生自管会议等多种途径，为学生表达心声提供途径，创造更加人性化的校园文化。

（2）构建互动和谐的师生关系

保证师生关系的和谐融洽是推进高校教学管理事业正常开展的基本与关键，在这一过程中教师很大程度地影响了学生。邓小平同志曾经提出：一个学校是否能够培养出社会所需的社会主义现代化人才，培养出全面有社会觉悟的文化劳动者，关键在教师。习近平总书记也强调：教师是人类灵魂的工程师，承担着社会发展的重要使命，需要传道者自己明道、信道。高校教师应坚持学习，引导学生健康发展。由于高校学生与教师之间的距离最为接近，因此他们成为学生的主要模仿对象，教师的政治素养、道德品行、教学态度和文化素养，以及生活方式与"三观"都会潜移默化地影响学生。因此需要

加强师生之间的交流互动，顺应现代化互联网所趋，实现教师与学生之间的"一对一"沟通交流。通过互联网交流，教师能够充分运用闲散的时间，在任何地方都可以充分运用互联网平台，在交流中了解学生的动向情况，并经过微信、QQ、微博等平台实现师生互动。教师通过把握适当的师生沟通方式，循序渐进地帮助学生树立正确的观念。

（3）营造良好的学术氛围

通过创设良好的高校学术氛围，开展高层次的校园文化影响，全面提升学生综合水平。伯顿·克拉克曾经指出："学术范围即可以维系人们从事高等教育事业的观念、信念、利益及行为规范。"高校的学术氛围重点在于科研、人才培养及社会服务。一方面，高校需要与社会之间保持适当的距离，不应当随波逐流，过于功利。另一方面，应当重视学术氛围自由，之所以重视学术自由，是由于科学探索的进程具有不确定性，无人能够预先规定前进的方向。

（4）平衡社团活动及课堂教学冲突

在加强校园文化建设中，提升学生的综合素养水平，并引导学生更好地顺应社会。大学生活相对来讲比较丰富，举办社团活动能够发展学生的兴趣爱好，也可以学习课堂上无法学到的知识，充分锻炼学生的自主实践能力，发挥学生的主观能动性。另外，学校需要对社团活动时间严格规定，并充分运用课余时间举办社团活动，实现社团活动与课堂教学之间的充分联动，达到较好的育人成效。

2. 拓宽校园文化教育阵地

（1）组织营地教育拓宽活动空间

高校可以组织营地教育来不断拓宽校园文化的活动影响空间，同时也鼓励高校学生走出校园，踏入社会。参与社会实践活动能充分提升学生的个人素养水平，也能不断丰富高校的思政教育形式。如此一来，不仅充分发挥了高校思政教育功能，更通过营地教育形式拓宽了教育辐射范围。目前有少数高校学生缺乏意志力和勇往直前的勇气，仅仅依靠"走进课堂"这一教学形式尚且不足。在新鲜教学环境下，譬如户外、大自然中，学生会产生更积极的学习动机，良好的营地教育能够让高校学生身处其中展开体验式学习，内

第三章　以文化人——涵育良好品行

59

化体验过程，最终转变为可转移能力，不断培养学生的社会责任感、实践能力及创新能力。

（2）"三微一端"拓宽网络影响力

信息化时代背景下，面对发展势头十分迅猛的微博、微信、微视频，可以合理利用"三微一端"引导正向网络舆论。对网络平台资源有效优化整合，能够有效提升高校的影响力及融合发展力，也能更好地培育优质校园文化。重视思政教育对学生成长发展的引导作用，采用图文并茂、穿插小视频等方式。借用微博、微信及微视频等方式，以校园制度准则为遵循标准，对学生的制度意识认知不断强化，最终达到思政教育目标。还可引导学生加入社会实践，让高校学生在实践过程中形成团结合作的精神，不断磨炼学生的意志。帮助学生实现自我价值，同时也使高校的校园文化影响度及知名度不断扩大，充分激发学生的爱国主义情感，最终达到思政教育的目标。

3. 坚定文化自信

习近平总书记指出，文化自信是更基础、更广泛、更深厚的自信。2017年1月，《关于实施中华优秀传统文化传承发展工程的意见》中明确强调："需要对中华民族的传统文化认知迫切深化，提升中华传统民族的文化自信，深入挖掘优秀传统文化内涵，激发优秀传统文化的活力生机。同时还需要政策的充分支持。"党的十九大也指出，需要坚定我国文化自信。传统优秀文化的熏陶能够让高校学生真正热爱传统文化，也能够充分提升学生的文化自信。大学校园文化及优秀传统文化之间有着密切联系，校园文化是校园中优秀文化的积淀。

（1）文化自觉开启寻根之旅

费孝通先生认为，文化自觉主要指的是生活于一定文化背景下的人们能够对文化有自知之明，并对其来历明确形成特有的认同。实现文化自信的关键与前提在于文化自觉，对高校学生来讲就是能够对传统优秀文化形成充分的认知。文化自觉是一个比较复杂的认知过程和艰难的探索过程，在目前经济全球化的背景下，中国传统文化不但面临着严峻的发展挑战，同时还迎来发展机遇。文化自觉的核心是需要对传统文化的真正继承，提升高校学生的民族文化认可度。

首先，高校需要在思政课程中体现优秀传统文化，课堂教学应当有所侧重，譬如重点体现"核心思想理念""中华传统美德""中华人文精神"等内容，以此提升学生对民族文化的认可度。其次，高校还可以展开不同形式的校园文化活动，譬如张贴布告栏或通过微博、报刊、微信公众号等方式，向学生传播我国的优秀传统文化，也可以开设灯展、剪纸、知识竞赛等活动，让学生领悟到传统文化的魅力。最后，文化自觉还需要始终坚持"开放包容、为我所用"这一原则，不盲目排外，吸收借鉴国外的优秀文明成果，并加强国内外的充分交流，顺应现代化社会发展。

（2）创新传统文化

在现代生活中更好地融入传统文化。传统文化的创新包含多方面，譬如形式创新，以《经典咏流传》这一节目为例，通过运用"和诗以歌"这一方式，能够实现古代和近代诗词与现代流行乐的匹配，从而带领观众领悟到诗词的美。《大鱼海棠》中引入了《庄子·逍遥游》中"北冥有鱼，其名为鲲。鲲之大，不知其几千里也"这一具有古典价值的写意方法，让人身临其境。融入传统元素的手机壳、冰箱贴、玩偶、木质家具等产品，均充分结合了我国优秀传统文化及现代时尚。

三、 涵育良好的品行

（一） 大学生良好品行的内涵

大学生的良好品行是在继承和发扬我国传统道德基础之上，与时代发展需求和大学生特点相结合所形成的美好品德，更是社会主义核心价值观在个体德行层面的体现。

1. 爱国奉献

自古以来，爱国的本意就是热爱自己的国家。爱国主义就是始终对自己的国家抱有忠诚、热爱的情感，是人民群众对自己国家的深厚情感，且人与国家之间互相依存，人们产生对自己文化的归属感、认可感、尊严感及荣誉感，是民族精神的核心。我国的爱国情怀源远流长，当下大学生群体应当明白自己的时代使命，结合对国家的高度责任感及个人的远大理想，传承爱国主义情怀，勇于承担责任，做一位拥有民族自豪感的坚定爱国者。

2. 求知敬业

求知就是探求知识，孔子说："学然后知不足，教然后知困。"荀子说："学不可以已。"还可以说："世上无难事，只怕有心人。"想要入门并不难，难的是探索知识。求知的前提便是自知，只有自知才能够不断求知，在我国的优秀传统文化中，"知"占据了十分关键且重要的地位，古人认为"知"是知识、智慧和知晓，其中以智慧最为重要，要认识他人与自我。

3. 诚实守信

"诚实"即真诚朴实。"守信"则表示遵守自己和他人之间的约定，能够保证绝对的诚信。在建设社会主义核心价值观中诚实守信是重点，更是为人处世的根本道德行为规范。诚信这一道德规范对于大学生群体的成长发展尤为重要，诚是信的基础，信又是诚的具体表现，只有两者兼备才能够拥有做人所需的品行。高校学生恪守诚信主要指为人诚恳、待人诚实、忠诚老实，具有坚定的政治立场，可以勇于承担历史责任并讲求政治信用，始终遵纪守法，形成诚实守信的人格素养，真正地诚恳待人。

4. 团结友善

团结分别有组织团结、集合联合、聚拢成团、友好和睦这四种释义，马克思在《关于费尔巴哈的提纲》中说："人的本质并非单一存在的抽象事物，而是一切社会关系的总和。"其意为每个人的日常生活中，都和他人存在着密不可分的千丝万缕的联系，与他人之间团结协作是人生中的大事。高校学生的团结精神则主要表现在对于中华民族团结和为贵的优秀传统美德的继承与弘扬，并视团结协作为日常生活学习和与人相处的规范，能够以集体利益为目标。友善也可以说是道德素质修养的起点，当代社会科技水平不断提高，通信工具迅速发展，增进了人与人之间的交往。因此在大学教育中重视科技教育及知识传授，将大学生的人文修养置于首位，培养友善意识，重视精神情感生活，真正促进全面发展。积极与人交往且平等待人，将友善视为道德底线。

5. 勤奋节俭

勤奋节俭是传统美德。在物质充裕的当今社会，倡导勤俭节约风气，对于推进具有良好风尚及建设节约社会具有重大意义。大学生的勤俭节约具体表现为日常生活的不浪费、不炫富、不虚荣，并且懂得节约。

（二） 大学生良好品行的化育

在社会主义核心价值观的引领下，培养大学生的美德是极为重要的，涵养良好品行就是把美德转化为内在信念，实现知行统一。

帮助大学生内化良好品行，促进大学生做出机智的选择，并且付诸行动，这是高校展开思政德育教学的目的。卡伦·博林和凯文·瑞安曾经提出美德内化的指导框架（见图3-1），将美德内化过程划分为认知、理解、行动及反思，且不同层的具体功能作用也是有差异的。

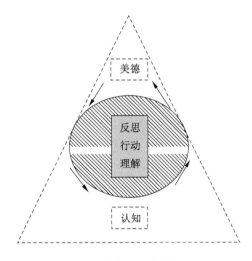

图3-1 美德内化指导框架

1. 内化于心

涂尔干从社会学视角首次提出了"内化"（Internalization）这一概念，他认为："内化是转变抽象的价值观、道德理念为个体行为习惯。"布鲁姆指出，"内化"能够将某些东西与个体的身心相结合，从而转变一个人的社会观念、做法及标准价值观，最终成为内在的观念。高校学生群体的美德内化于心，主要指的是大学生自身能够在一定教学及生活环境中，经过学习并在认可和理解的前提下吸收和消化，最终把所学内容视为自己生活和学习的量尺，转变并改正原本的理念和价值观，这一过程就是大学生良好品行的内化。在内化良好品行的过程中，应当明确教学者及高校学生之间存在的多种期望值，教育者应当积极传达自己的基础理论知识及期望值，规范大学生的理解规范及心理期望，最终逐渐形成良好品行的价值认同。如此一来，教学者及学生之间也产生了良性循环，并且有了为之努力的向心力，提升了学生涵养良好品行的自主性。

2. 外化于形

高校学生能够将良好品行真正地外化于形，主要是指学生可以对良好品行的精神实质形成正确认知并内化。因此也说明了美德的外化于形是学生的自主行动，这也是大学生涵养良好品行的最终目标。实践是形成良好美德的基础。一旦知行脱节，仅仅坐而论道而不应用于实践，也就失去了培养大学生良好品行的真正意义。大学生美德外化于形的本质是转变学生的内在意识为实践行为，也就是由内至外的过程。在这一过程中，内在矛盾主要是知、行之间的矛盾，也就是如何才能够推进高校学生内化良好品行进而付诸实践，最终形成良好的行为品性。内化于心和外化于形是辩证统一的关系，两者的侧重点不同，前者以学生思想道德意识为重点，后者则以学生在涵养良好品行基础之上的实践行动为重点。

3. 知行统一

知行统一就是说能够充分结合学习理论及实践，并在掌握理论知识基础之上充分指导实践，经过实践过程认识到理论知识的正确性。这里的"知"主要指大学生的道德认知，"行"主要指大学生生活和学习中的具体行为。因此，知与行实则是两种不同层次的概念。

知行这一问题是哲学、德育的重要议题，《论语》中的"学而时习之"强调善于学习，要经常实践。儒家提倡"言必信，行必果"。宋代及之后的哲学家、思想家们也十分关注知行，程颐主张："知先行后，知难行易。"朱熹提出："知行并发。"从古代发展至近代知行观念更是日益完善，孙中山先生提出："知难行易"这一观点存在滞后性，但其中存在明显的辩证唯物主义因素。随着马克思主义的传播，人们对知行观念进一步丰富和完善。毛泽东对马克思主义哲学论中知行辩证统一思想继承并发展，于《实践论》中更加深刻地指出知行之间存在辩证关系，认为世界万物都处在实践、认识、再实践、再认识的循环往复过程中。高校学生涵养良好品行的"外化于形"重点在于道德品行实践活动，是学生认可正确的道德观念，将大学生的良好品行转变为实际行动，实现真正的知行统一，是展开高校学生涵养良好品行德育的最终目标，具有重大实践研究价值。

（三） 坚持立德树人理念

习近平总书记就我国的高校思政教育这一问题，指出高校思政工作直接关乎高校的人才培养，应当始终坚持立德树人，并在高校教学中贯穿思政工作，真正实现全员、全程、全方位的思政育人，开创我国高等教育的新高度。

1. 强化理想信念教育

立德树人的重点在于强化大学生理想信念教育，但是随着不良风气的影响，信念教育有了新难题。总体来讲，信念教育应当从以下几方面着手：

（1） 阅读以守心

赫尔曼·黑塞曾经指出："世界上无论任何书籍都不会给你想要的好运，但是它们能够悄悄地让你成为自己。"处于目前多元价值形成冲突的信息爆炸时代，只有不断地增加自己的阅读量，不断强化自己的内心，才能够真正做到坚守内心。也只有坚守住自己的内心才能够不放弃对理想的追求。科林·卢卡斯校长曾经指出："之所以存在大学，是为了引导人们可以探寻事情的本质，帮助人们辨别事情的真伪，让人们理解存在的意义并学会思考。"所以高校需要在快节奏的现代社会，倡导扩大阅读量，让学生形成独立思考的能力，也由此坚守内心。并经过短期阅读开阔眼界，形成洒脱的心态，不放弃追寻目标，还能够凡事警醒不盲从。让学生经过阅读形成独立思考的能力，并建立正确的"三观"并始终坚守自己的内心。每一个学生均是这个时代发展背景下独立的个体，平凡又独特。

（2） 拒绝"佛系活法"

现代社会的发展给人们带来创新改变的同时也带来诸多问题，如何树立坚固的理想信念便特别重要。当今社会的佛系话题大热，这是因为现代社会中有些人存在无力感，看不到希望，勉强度日，不愿奋斗。目前有些高校学生对于考试抱着"挂科是命，过了是缘"的错误心态，对就业抱着"玩乐第一，工作随缘"的错误想法。所以应当引导高校学生明确自己的成长目标，准确定位、制订清晰的发展计划，选择适合自己的途径。

党的十九大报告指出，目前我国社会发展中的主要矛盾是日益增长的美好生活需求和不平衡不充分发展之间的矛盾。我国仍然是发展中国家，应当不断奋斗并且抓紧发展机遇。习近平总书记指出：天下艰难际，时势造英雄。当今时代正是人生价值实现的最好时代，AI 技术的兴起及其在各行各业的广泛应用，更进一步加剧了不同行业人才之间的争夺大战，这也对大学生群体提出发展要求，需要紧抓机遇、创造机会、迎接挑战，力争能够以坚定的信念积极开创自己的美好未来，并成为新时代的引领者。高校也可以不定期组织红色专题讲座，组织学生前往红色根据地学习革命先烈艰苦奋斗卓越不凡的精神，让高校学生在活动过程中坚定自己的个人信念。

除此之外，还要启发高校学生将个人理想与社会发展相结合，实现个体与社会的共同发展。

2. 志愿服务活动提升社会责任感

2016 年，李克强总理提出：发展至 2020 年我国已经基本组成了适用于社会经济发展水平，且规范化管理、合理布局、服务完善及充满活力的志愿服务组织体系，应当积极支持社会专业组织、慈善事业及志愿服务的发展。志愿服务活动的开展对于一个时代发展来讲尤为重要，想要培养具备良好品行人格的人才，组织学生参与志愿者服务活动不失为一个好途径。

2007 年，东北大学便展开一年一度的关爱农民工子弟志愿活动，通过在课余时间为农民工子弟排忧解难、辅导学习，还举办了捐献等活动，对农民工子弟的成长加大关注度努力，传递爱心及正能量，共同促进社会的良好发展。不仅如此，高校组织开展志愿者服务活动，还能够让学生们在参与的过程中，潜移默化地形成良好的品行，获得思政教育，开阔视野，在一定层面充分提升学生的实践能力，更进一步激发学生的社会责任感。譬如上海大学组织学生参与普法志愿活动，在中山公园向广大市民宣传法律。大学生志愿者还可以参与其他活动，譬如节约水、电、地球资源的活动，也可前往博物馆等场馆为游客免费讲解，还可以帮助维持拥挤公交站点的秩序等。在为社会提供多样化服务过程中，能够让参与活动的大学生志愿者更好地反思自己，彼此之间互相学习，不仅强化了个人能力及社会责任，还提升了大学生的综合素养。

3. 提倡榜样教育

榜样教育就是在社会发展中采用主流文化教育方式，能够以外在角度为切入点，展开对大众群体的教育。在日常弘扬模范人物的正确价值观及行为标准，从而对社会群体起到教育作用，实现对主流文化的维护，进而扩大主流文化的影响力及提升全社会的综合素养水平。

在当下这个青春偶像的时代，对高校学生展开榜样教育，仅仅树立主流榜样或许还不能达到预期的思政教育目标，因此榜样的选择至关重要，只有榜样在大学生的心中树立起来，榜样教育才有意义。例如雷锋、邱少云、黄继光、董存瑞等英雄，他们的价值观一直对后代人们产生深深的影响。

当代社会也有诸多值得高校学生学习的榜样，例如黄大年放弃国外优渥的条件回归祖国，贡献自己所学，历时 8 年的科研创新，不顾病痛带领科研团队填补了我国多项科研空白。高强度的工作让他英年早逝，但他以毕生精力向人们诠释着"爱国情怀"。

（四）重视潜移默化的作用

1. 以情感人

想要实现高校学生良好品行的真正内化，"以情感人"的本质就是达到理、情的真正契合，实现思政德育的理情结合，换言之就是晓之以理动之以情，达到知行统一，培养思考、解决、分析问题的能力。

（1）发挥学生的主体地位

在涵养学生良好品行的思政德育过程中，高校需要不断探索高效有用的方式，充分发挥大学生的主体地位。譬如积极转变传统的灌输式教学模式，结合多种教学模式，譬如新时代背景下兴起的慕课、微课等教学方式，达到师生之间的良性互动。

（2）教育结合实践

建设思政教育载体能够培养高校学生良好品行，教师在展开专业教学中可以表现出对学校、对社会的热爱情感，由此提升学生的思想觉悟，形成良好素养。

（3）强化师德主导

良好的师德在品行德育中有重大作用，应当运用多种形式强化师德的主导作用。在品行德育教学中，学校可以定期组织高校教师学习社会时政，让教师始终用充满热情的心态授课，坚定社会主义信仰。还可以每年定期开展师德为主题的宣传教育活动，并通过评比先进来提升高校的师德水平。

2. 以境育人

展开高校学生的德育实践中，需要充分认识美德化育，并合力创造"以境育人"的美德化育情境，能够让学生在潜移默化中形成良好品行。

（1）创设良好的品行德育情境

当代高校大学生相比以前更有自主观念，他们对于传统的灌输式说教已经不再满足，对施教者的德育方法提出了更高的要求，希望德育施教主体能够在教学中应用现代化教学方法，譬如师生互动、双向沟通、民主参与等，这也反映了当代大学生渴望教学中的师生平等。在开展德育教学时，需要突破以教师、课堂、教材为中心的传统教学模式，引进与德育有关的专题报告，还可以创建品行实践德育情境，让学生在情景中激发形成良好品行。施教主体应当认识到只有真正将理论结合生活学习实践，才能使学生养成良好美德。

（2）整合家校合作情境资源

新时期的高校在展开德育教学时，应当重视对高校现有的德育管理资源充分整合，尤其应当对家庭、学校两方面资源积极整合，家庭教育是学校教育的延伸及补充。基于客观层面要求，父母需要对子女的所在学校基本教育形式及内容主动了解，与子女之间展开良好沟通并时刻关注其思想变化。家庭也应当分析了解学校的德育施教者，鼓励家长经过自主学习提升自身的素养水平，实现学校与家庭之间的良性互动。

3. 以史为镜

中华民族几千年的发展表明，一个民族的创造性活动是基于历史成果的。中国五千年的历史文化是中华民族的骄傲，是中华民族的思想结晶，承载着中华民族的文化血脉，其独特的民族智慧和民族情感，是德育的宝贵财富。高校的德育施教者应当发掘我国的历史文化资源，并能够深刻认识到潜在性的历史力量，深入挖掘史料。

（1）重视历史教育

在我国现阶段教学中，《马克思主义基本原理概论》《中国近现代史纲要》《毛泽东思想和中国特色社会主义理论体系概论》《思想道德修养与法律基础》是高校开展德育培养学生品行的重点教材，弘扬及培育民族精神，是历史教育的首要功能，应当重视历史教育。多开设历史文化类选修课程，鼓励开设历史知识运用的课程，相应提高课程学分。总而言之，历史是国家发展的命根，是国家文明发展的象征，毁掉历史就会毁掉文明，人民群众若不深入了解我国历史及他国历史，就很难形成爱国思想。因此，应当在教学中重视历史教育。

（2）深挖育人价值

习近平总书记指出："深入挖掘和阐发中华优秀传统文化的时代价值，使中华优秀传统文化成为涵养社会主义核心价值观的重要源泉。"我国在千百年来文明发展历程中形成了优秀的、具有中国特色的传统文化，体现在语言文字、文化典籍、科技工艺、文学艺术、哲学宗教、道德伦理等方面，它们共同构成丰富的传统文化资源。优秀的传统美德及文人志士的典范，也是学生涵养良好品行的重要思想资源。地方历史文化是中华优秀传统文化的组成部分，具有自身特点和区域特色，其因历史性、文化性、传播性而成为德育就地取材的重要渠道，比如当地历史遗迹遗址，可以被人们清楚地看到，真切地感受到，更容易使人产生亲近感、认同感和自豪感。

（3）提升育人实效

充分运用历史文化人物和事件资源传播正确的价值观，利用传统节日开展灵活多样的文化活动，成立与历史文化相关的大学生社团，开展历史文化体系学习、研究和教育活动。整合校内外资源、建立大量历史文化教育基地，拓展现场教学场所，通过身临其境地感受历史人物、遗迹遗址文化、红色文化等沉浸式教学，提升育人实效。利用社会实践的育人平台，同时运用新媒体传播手段宣传让学生接触社会，提高社会实践能力，吸引和凝聚广大学生关注中国历史文化，从优秀传统文化中得到滋养，以史鉴今，增强学生的文化认同感和民族使命感。

第四章　以网为器

——树立网络思维

高校学生既是网络新媒体的受众，也是改善网络生态的重要力量。要发挥高校学科优势和人才优势，鼓励学生利用所知所学，正面发声、理性思辨，唱响网上好声音，传播网络正能量，澄清是非、伸张正义，不做沉默的大多数，守护好共同的网上精神家园。

——习近平

自戈尔德马克首次于 1967 提出"新媒体"（New Media）这一概念以来，具备独特性的新媒体便渗入人们生活的方方面面，也逐渐发展为人类社会发展中的关键组成部分。高校是"新生事物竞技场"，高校学生在热情拥抱新媒体的同时，新媒体也积极改变着大学校园。新媒体富有思政教育潜能，很大程度上可以实现校园文化由内容至形式的变革，所以针对新媒体时代下的高校校园文化思政教育功能展开研究，以期充分利用网络新媒体平台发挥其育人功能，这也是新时期培养特色社会主义人才的时代诉求。

CNNIC 发布的《中国互联网发展状况统计报告》显示：截至 2020 年 12 月，中国网民规模已经高达 9.89 亿人，互联网普及率高达 70.4%，在网民中有高达 9.86 亿人使用手机上网，网民使用手机上网比例达 99.7%。统计结果表明，网民对于互联网及手机为主的新媒体依赖性明显增高，这也表示新媒体平台与青年群体之间密不可分。

只有保证校园育人环境的和谐文明，才能培养出有良好品行及健全人格的人才，而这也是决定新时期人才培养是否能够达到预期目标的关键。新时期下的育人理念及各项新技术层出不穷，都在校园中充分应用。大学生是建设校园文化的中坚力量，在高校发展中发挥着自己的力量。在目前迅猛的信息化浪潮下，多数青年学生改变了自己的学习、思维及行为方式。随着社会不断发展，传统的育人环境也已经无法满足信息化时代对高校学生提出的育人新要求。面对着无孔不入的病毒、防不胜防的错误理念、屡禁不止的色情网站等，都是对高校的育人环境的潜在威胁，也给我国高校的育人工作带来了更加严峻的挑战。因此高校应当转变思维，净化育人环境，优化网络环境，提高网络素养，转变教学理念，充分运用新信息技术对校园活动形式不断创新并优化师资结构，进一步提升高校育人的可靠实效性。

一、 网络育人环境

互联网对诸多领域产生了巨大的影响。网络改变了人们的生活、工作、学习方式，成了人与人之间沟通交流的主要媒介，网络也引导人们进入全新的虚拟社会。现如今网络已经成为汇聚各种思想的平台，拥有前所未有的影响力。为了深入了解网络育人，应对网络育人环境展开梳理分析。

（一） 网络育人环境界定及理论

1. 网络育人环境

网络是现代化教育中必不可少的媒介，"网络"本身也具备十分广泛且丰富的含义，网络的界定也在随着时代的发展而不断发生变化。从一般意义上来讲网络就是互联网，对人类社会的生产生活方式造成很大的影响。目前人们已经无法摆脱网络信息技术的影响，也有相关研究者视网络为计算机硬件、网络设备及软件数据之间连接形成的集合体。这一含义是基于构成网络的主要要素层面，简单分析了网络的组成元素定义，尚未全面地体现网络的含义。随着社会中有关网络研究的逐步深入，学术界也逐渐形成对网络含义的系统化理解。邵荣国认为，网络并非独立存在的形态，而是集通信、计算机、数据库等有关电子产品一体化的信息交流系统。此外也有研究者对网络持有另外观点，认为网络是人与人之间沟通交流的工具，也是联系的枢纽。随着社会的发展，网络平台被认为是运用现代化通信设备及线路实现的系统连接，并最终达到数据流通、共享资源及协同工作的系统。这种情况下的网络并非仅仅是传播信息的唯一载体，也并非是用于计算的主要工具，而主要是为用户之间的沟通交流、共享资源提供可能。学术界对于网络的认知理解尚未统一，但无论是基于技术层或是网络性能方面，对网络的理解不仅需要基于网络功能和技术层面展开分析，还需要转向网络所带来的社会化影响教育意义。网络是一种文化，具备较强的影响力，并对网民形成极大的吸引力，主要表现在拓宽知识来源、增加知识覆盖面、提供有效的接触沟通方式，且等同电话、广播实现信息传递，辅助网民更好地工作学习。正如约翰·布洛克曼提出："网络随着社会时代的发展已经不再仅仅是一桩事物，而是经过发展成为环境。"网络结合终端设备，创设了受教育者的虚拟化学习环境，达到了信息传播、资源共享及便捷化沟通交流的目的。无论是文化还是媒体网络（工具网络与环境网络），对于人的发展都十分重要。

随着现代化信息技术的飞速发展，网络成为人与人之间沟通交流的关键媒介，网络渗入人类社会生活的各个角落中，催生了网络育人新形势，所以有必要对网络育人环境进行研究。关于网络育人的内涵表述，目前学术界主要存在以下理解：

一是基于网络教育角度着手，视网络育人为与网络相关的教育工作；二是以网络技术为出发点，视网络育人为借助现代化网络技术达到育人目的；三是认为网络育人是借助网络工具，展开有计划性、目的性、组织性的教育活动，最终真正实现人的价值。在目前的学术研究界，还有学者以网络文化环境为研究切入点，认为网络育人就是基于网络背景下的育人工作。就整体而言，无论是网络建设或是发挥网络教育功能，又或是网络管理，多方面都实现了均衡发展，尤其在思政教育及网络管理工作缺乏准确认知、覆盖面不广、缺乏内容渗透性及缺乏吸引力的情况下展开高校育人管理，更多情况下仍然以沿用传统教学形式及管理模式，尚未将现代化信息技术充分发挥。对于高校网络育人环境的优化，就是要求能够经过有效举措，创建有助于大学生良好发展的网络环境。通过网络育人在很大程度上弥补传统教育的不足之处，也进一步为网民之间的沟通交流创设基础条件。可以说，网络育人环境实现了传统育人模式的进一步完善，也为受教育者创造了便利的学习条件。总而言之，网络育人环境以为学生提供网络学习平台为主要内容，实现了教育者及学生之间的双向沟通互动，真正发挥网络平台主体自主性及积极性，在目前的网络背景下全面体现了全员、全过程、全方位育人。

2. 网络育人理论

我国顺应社会发展趋势，加大网络发展对社会大众的影响的问题的关注度，目前已经取得了一定的研究成果。随着目前网络育人的良好发展，马克思主义环境及教学理论很大程度为网络育人提供了助力。

（1）马克思主义者的环境教育论

马克思主义者提出的环境理论及教育思想，是网络育人的理论基础，对于社会发展新时期，开展网络育人宣传工作均具备重大意义。马克思指出："人创造了环境，同样环境也创造了人。"人与环境两者之间是互相影响、互相依存的关系，这也反映了教育的重要性，所以想要在目前的互联网时代新形势下，促进网络育人工作的良好开展，是无法脱离当前教育所处的大环境的。网络育人突破了时空局限，并在高校学生的成长发展中渗透，能够随时随地为其提供便利。

（2）网络育人思想

网络对于人类社会的发展有着极为深远的影响，且与马克思主义中国化进程密切联系。网络的创新发展是基于马克思主义的理论指导，因此马克思主义中国化进程也融入诸多新元素。习近平总书记在新时期的背景下，提出了有关网络文化建设思想，指出了网络环境的重要性并提出有关网络教育的全新观点，奠定了我国网络育人环境建设的前提基础。习近平总书记始终重视网络平台，尤其自党的十八大后，对网络教育十分重视，习近平主张通过运用现代化高科技，推进互联网教育的创新与变革，进一步促进构建数字化、个性化教育体系，并建设学习型社会，重视信息技术水平的飞速发展，建立网络育人环境，促进育人教育事业的进步。网络育人能够借助网络媒介展开对受教育主体的随时随地教育，更实现了新型育人的全民化、平等化及终身化。习近平认为，目前互联网已经逐渐成为人们生活、学习、工作中必不可少的好帮手。如今我国的网民数量巨大，所以需要基于传统教育借助网络育人环境，开展顺应社会发展的网络育人。在习近平看来，网络平台为社会中人们的沟通交流提供机会，网络空间也是受教育者们共同学习的主要平台。目前我国的网络育人工作已经取得一定成就，但是偏远地区仍然欠缺基础条件。

（二）网络育人的表现形式及变化

1. 网络育人的表现形式

网络育人的主要表现形式贯穿于网络育人的全过程，体现了网络育人的最终目标，借助虚拟化网络平台发挥育人作用，对于我国的教育事业具有重大意义。新形势下应当将网民、网络两者相结合，从而推进并充分发挥网络育人的作用。教育事业的开展难免不被所处的大环境影响，随着我国科技水平的不断提升，网络育人环境也在迅速扩大。但是基于本质来讲网络育人是新型的教育形式，通常涉及塑造价值理念、引领政治方向、教化伦理道德法规内化等多个领域。

（1）塑造价值观念

塑造价值观念是育人的根本，属于方法论及世界观教育层面，占据了育人的主导地位。网络育人通过借助网络环境，对塑造网民的价值观起积极作用。网络育人始终将马克思主义世界观作为基础价值观教育，发挥其教育优势，引导网民形成科学思维及正确的观念意识。网络育人环境能够正向引导网民的科学价值观。

（2）引领政治方向

引领政治方向是网络育人的核心，对于网络育人存在一定的指导价值，且在一定层面决定了网络育人环境的最终发展方向。通过借助网络媒介实现相关信息的上下通达，更能增强网民参与事件、活动的积极性。

（3）教化伦理道德

在网络育人环境下教化伦理道德是不可缺少的重要内容，它不仅能够促进达成网络育人这一目的，更是能够提高网民自身素养水平的关键途径。教化伦理道德是规范性行为教育，不仅有助于网民形成良好品行，还能够经过网络媒介展开德育、渗透美德，帮助网民树立正确的"三观"，督促网民形成良好的道德品行。

2. 网络育人环境重要变化

校园育人环境发生较大改变，不仅在于网络平台的普及，而且在于目前社会背景下的环境。网络平台为人们的生活、学习、交友多方面都带来了极大的开放性、交互性、低成本性。基于社会传播学视角来看，网络正在逐渐发展成为人类社会生活的虚拟化的精神家园。创设的虚拟环境不可避免地影响现实生活中的环境及一系列活动。

此种开放交互且虚拟化的网络育人环境，并不是仅仅由教育者完成构建。基于实际高校的育人环境设计的网络虚拟育人，对原本高校设计的管理制度已经无法适用。除此之外，高校学生处于网络环境下，受网络传播的分散性、时效性、隐匿性、个性化等特点影响，导致学校无法全面监管，更增加了针对性教育的整体难度。在这种网络育人环境下，网络用户的角色发生改变。高校学生在现实环境中是受教育者，在网络平台上则是"用户"，网络平台创造了双面主体身份。网络传播究竟给学生带来了何种影响？应当如何看待这种影响？如何应对校园育人的环境变化？这些均为高校管理者应当考虑的问题。

（三）网络育人环境对学生的影响

自出现校园网后，网络已经不仅仅是大学生群体获取新信息、新知识的主要工具，同时也对大学生的道德观念、行为方式及文化素质、价值标准造成深刻影响。高校学生处于信息化时代，产生了愈来愈强的网络依赖性，上网已经成为高校学生生活学习之余的主要消遣方式。有研究者调查发现，有52.8%的学生每天都要上网，有49%的学生将上网作为课余的主要活动。其中在对学生课余活动的调查中，上网位居自习、图书馆及逛街之后，多数学生都沉溺于网络，部分学生学习受到影响。

1. 道德压力小

网络平台对于大学生心理、人格及人际交往多方面均产生较大影响，网络平台在一定程度上纠正了实际生活中的部分内向人格，这是网络育人环境的积极影响。有研究调查发现，学生上网主要为了聊天，而其中多数学生表示对网络聊天较喜欢，认为虚拟环境下的与人交流更加轻松安全。总体来看，多数学生认为网络环境让他们面临更小的道德压力。

2. 个性情绪化

网络平台对于高校学生的生活学习产生了强大的拉动力，并孕育网络环境的边缘性、亚文化。导致高校学生有不同程度的行为失范及思维混乱。对学生网站会员的个性化签名调查发现，有80%的学生选择流行网络语，种种现象表示网络传播正造就脱离主流文化群落的"网络部落"。

3. 网络及现实育人环境融合互动

网络环境对于高校学生的生活学习也产生了多方面影响，网络平台提供的信息形态能够使部分抽象知识变得具象、生动且直观，如此一来也有助于学生对知识感知、记忆及理解，提升高校学生的整体学习效果。但是在多媒体环境的刺激下，学生也有可能对色彩、形象、声音等感性符号过于依赖，导致其思考能力有所下降。有研究者曾经针对阅读展开现实及网络测试，测试发现网络阅读缩短了阅读时间，但是降低了阅读记忆力。另一个值得关注的情况是网络平台中的信息复制相当普遍，少数学生视网络为主要课程工具，抽查学生的课程作业发现，超出60%的学生都是借助网络平台直接拷贝。当然，我们应当看到网络环境对于高校学生产生的影响不仅仅只有负面。网络平台是社会发展中的新兴传播媒介，海量知识传播借助网络平台不断分散化更新传递，很大程度上增加了高校学生与信息的人接触频次，更增加了学生的知识量，也对学习效率有很大程度的提升，增强了学生的学习自信心及主动性，师生互动更加积极。网络平台创设的文化环境能够呈现出多样化文化形态，也可以帮助学生开阔视野、启发思维。在与不同文化的人接触过程中，学生能够学会对知识的比较、批判、借鉴、创新，最终养成较高的文化素养。因此，网络育人环境能够结合现实育人环境实现良性互动。

二、 优化网络环境

（一） 网络育人积极发展

随着信息化社会飞速发展，目前网络平台育人已经发展成为新兴的育人方式，再加上目前网络育人体系基本形成，我国尤为重视网络育人功能，主要表现在以下几个方面：

1. 网络育人资源日益丰富

当下网络信息化时代背景下网络育人资源的日益丰富，并且包括多个领域，影响的范围也逐渐扩大。网络育人主体即借助网络平台发挥育人功能的教育者，能够充分利用网络平台提供的丰富信息资源。处于此种无限丰富的资源网络中，受教育者最终能够真正突破时空局限，充分搜集所需的相关信息资料，很大程度上充分提升网民的学习自由度及资源的可利用性，网络育人紧跟时代发展步伐，并适应社会主义的发展规律及发展需求，最终真正达到资源共享这一目的。网络育人的主体愈来愈多元化，无论是网络或是技术人员、教育家，又或是文艺爱好者均可借助网络平台完成知识信息的发布传播，从而实现多种信息资源的云集，网络平台成了资源的集散地。

网络目前已经逐渐成为最大的育人信息资源库，借助网络平台发挥育人功能，实现资源整合知识的传递。网络也是信息交互式传播系统，借助移动终端设备实现网络信息的传播。换言之，哪里有网络，哪里就有资源。这样，网络传播的快速高效及庞大的信息载体为网络育人提供多样化丰富资源。传统的教育资源借助广播、书本、课堂等传递形式，且传播形式单一，再加上传播地域及时间的限制，整体信息的更新周期较久，因此实效性较弱。网络育人则突破时间局限，为高校学生创建了具有丰富资源的平台，网络资源不仅包括政治、文化及经济领域，还涉及哲学、军事领域等，甚至有国外信息资源，应有尽有。网络育人不仅仅是具备丰富资源的"信息库"，同时还是具有渊博知识的"教师"，能够满足高校学生对知识容量的需求，更能够实现随时随地完成所需知识的搜索并下载相关资料最终上传信息等活动。借助网络平台实现的教学形式很大程度上对网民和教育者之间的资源认同感有所增强，更能实现受教育群体之间的良性互动，提高交流频次及资源利用效率，丰富网络育人资源，满足网络时代下的高校育人需求。

2. 网络育人载体多样化

网络育人载体即可以涵盖高校学生获取所需的一切教育内容的中介工具。对于教育者及受教育主体而言，网络育人载体能够实现两者之间的充分联系。随着社会的不断发展，育人载体也在信息化时代背景下，由单一的载体形式转变为多样化的网络育人载体。在传统的高校教学中，一般教育载体以书籍等静态化中介工具为主，这种单一的育人载体无法满足教育需求。随着信息化技术的不断创新发展，互联网逐渐发展成为育人载体，能够通过虚拟空间实现知识的无时空限制传输，学生可以结合自己的实际情况在任何地点任何时间开展任何形式的学习。

（1）特色网站是网络育人载体主要形式

随着多媒体技术的发展，多样化的网站也随之兴起，高校网站中有多种育人形式，譬如思政教育网站、慕课网、远程教育网、网络论坛等，其中高校的网站特点显著，有着比较明显的教育功能，提高了整体教学的便利性，也能够促进高校学生获取知识的主动性。其中，思政教育网站就是我们常说的"红色德育网站"，内容十分丰富，几乎全面涵盖人类社会的全方面，具备较强的思想性和知识性，还设置了不同方面的知识栏目，可以满足学生的多样性需求，凸显服务性功能。慕课网还充分弥补了传统教育的不足之处，可以突破时空局限，满足受教育者之间的选择互动，目前"慕课"（Mooc）也已经逐渐发展成为多数高校学生普遍认可的一种方式。通过开展"慕课"，高校学生可以在网络平台学习基础知识，还可互动交流、完成有关资料的实时下载。除此之外，远程网络论坛的育人载体还凸显了教育的民主互动性，充分发挥网络育人的整体优势。通过运用有特色的网络育人网站，能够提高高校学生学习的实效性。目前网络育人功能的发挥主要以网络平台为载体，有效突破了学校的教育围墙，更遍布人们的生活各个地方。通过建设特色网站应用多功能软件，实现人机互动，创造多功能交流平台，也实现了网民之间的良性互动，在潜移默化中接受更加全面的教育。

（2）其他网络育人载体逐步增加

随着科技水平的不断进步及网络的飞速发展，网民也呈现出愈来愈多样化的需求，为了更好地适应网民的差异化需求，网民通过下载客户端即可随时随地展开沟通交流，实时互动讨论及传输接收学习相关文件，还可针对热门话题展开沟通，从而对高校学生产生潜移默化的影响。邮件是现代人在沟通中常用的一种方式，它快捷方便且成本低廉，在网络时代背景下逐渐发展成为网络育人的重要载体。除此之外，微博也为高校学生提供参与话题的可操作性，及时了解热门话题及思想动态。不仅如此，高校学生还能借助网络平台记录生活点滴，并积极表达自己的个人兴趣爱好。这种互动的网络沟通方式进一步体现了高校学生的主体地位。

（3）网络育人制度不断完善

网络育人功能基于网络技术，随着网络育人资源的逐步丰富及网络载体的多样化，网络育人功能在高校逐渐步入正轨，但同时也给我国的高校育人教学工作带来诸多难题。网络法律机制的不完善导致无法切实保障网民的网络安全，网络育人相关知识也亟待规范，这些问题如若得不到妥善处理，势必会影响网络平台的育人功能充分发挥。

可喜的是，我国政府相关部门已经认识到网络育人制度的重要性，通过与我国基本教育国情相结合制定有关法律规章制度，奠定了我国网络规范工作的开展基础。《中华人民共和国计算机信息系统安全保护条例》《计算机信息网络国际互联网安全保护管理办法》《全国人大常委会关于维护互联网安全的决定》等条例规定的颁布落实，都在一定程度上推进了我国网络规章制度的完善。尽管如此，与高校网络育人直接相关的条例规定仍然需要酌情健全。网络育人是现代化教育变革中的重点话题，需要明确制定与我国网络育人情况相结合的法律规定。在对网络环境的净化中，通过对网络育人环境严格把关，及时根据网民反馈及秩序评议结果实现对网络空间秩序的严格整治。习近平总书记也指出，网络空间是我国亿万人民群众的共同精神家园，我们需要为建设良好的网络生态空间做出不断努力。此外，随着网络育人法律机制的逐步完善，网络育人管理方式逐步优化。通过充分运用网络平台实现法律意识的广泛宣传，还能够对网民的法律安全意识认知不断增强，更好地引导网民能够在应用网络平台中遵守规定，杜绝网络不文明行为。通过不断完善网络育人制度，提升网络育人的整体效率，可以开展网络信息管理培训班、素养教育研讨、信息工作座谈会等多种方式，开展有关育人培训，更进一步增强教育者的有关素养并提升整体效率。

（二）发挥社会引导作用

随着我国社会的飞速发展，高校借助网络平台发挥育人功能，已经成为目前极具影响力的育人方式之一，不仅与培育人才密切相关，还关乎社会的进步发展，因此展开网络育人工作应当全社会共同参与，基于此应当确定基本任务为全社会的网络环境优化责任意识认知不断强化，寻求网络育人的真正突破点，并积极促进全体成员共同参与。为了确保网络育人事业的顺利开展，应当充分利用社会中存在的多方资源优势，充分发挥网络企业、科研组织、行业协会的能力、作用、优势，实现多重管理增强网络育人环境的净化效果及育人效果。

1. 提升网络科研组织育人能力

网络科研组织对于发挥网络育人能力来讲至关重要，所以应当加强对网络科研组织育人能力的培训。网络科研组织的育人能力在一定程度上受组织内部因素的影响，另一层面又受客观外部因素的制约。网络科研组织能力也是对网络育人能力造成影响的关键前提，对于网络科研组织来讲，人员组成、思想发展及战略目标均是内部关键要因。所以网络科研组织应当对其自身能动性充分发挥，从而对内部人员的知识技能不断增强，并对网络信息管理系统不断完善，制定社会经济效益统一的发展目标，制定完善的专家管理机制，在网络科研组织中能够自觉融入网络育人。对于内部科研组织严格监控，能够真正地做到奖罚分明。通过对网络科研组织内部力量的积极调动并优化，同时还需要加强对其外部影响要因的重视度，从而内外合力增强育人成效。通过借助外部力量不断发展自己，并运用现代化监控系统对网络信息加强监管力度，积极运用宣传部门对组织机构的育人功能不断引导，营造健康的网络育人环境。

2. 增强网络企业的育人认知

网络企业是网络育人环境净化的有力保障，习近平总书记曾指出想要对网络企业的社会发展使命感有所增强，需要集合多方力量共同促进互联网健康发展。我国拥有9亿多网民，想要净化网络育人环境需要网络企业本身提升服务质量。一方面，需要承担网络企业职责，不断提升自身的服务质量，重视监管实现责任到人，不仅以网络企业为着手点，还需要对不同的部门人员职责细化明确，确保每一个环节都拥有专门管理人员，由此优化网络育人环境。同时网络企业有关工作人员还需要对网络的发展新动向加大关注度，结合时代所需，发布积极向上的网络信息。确保网络信息健康有序，真正促进网络育人环境的和谐发展。另一方面，网络企业还需要做好"把关人"，重视监控筛选网站信息，由于网络虚拟平台的中间内容参差不齐，所以网络企业需要重视监督引导网络信息内容。

3. 加强网络行业协会育人重视度

处于新时期的高校网络育人环境，想要保证健康发展需要解决网络负面影响及新问题，而这也必然少不了网络行业协会的努力。所以应当增强对网络育人环境的重视与认知，以现有的规章机制为遵循依据，开展有针对性的网络育人工作。不仅如此，网络行业协会还应当具备自律意识，实现自我规范约束，并对自身行为严格规范，不发布不良信息。及时分析传播信息的真实性，有效规避网络不良信息。不仅如此，网络行业协会还需要不断强化自我监管，重视形成网络育人环境的建设管理工作职责使命感，学会解决并控制不良的网络情况，创设积极健康的网络育人环境。

（三） 完善网络育人机制

如何完善高校的网络育人机制，是发挥网络育人功能的重点问题。我国应当不断完善网络有关法律规定，充分运用网络技术实现对网络育人的宣传。总而言之，我国应当对法律技术及管理多种手段综合运用，实现网络育人环境的真正净化。

1. 加强网络法律法规建设

法律规章机制是网络平台的育人前提，更是网络育人能够顺利开展的关键保障，在网络空间中充分发挥了关键作用。应重视对网络法制规定建设：

首先，应当重视对我国网络立法的不断加强，确保网络育人环境净化工作能够有法可依。根据我国目前的实际情况，有关的法律规章机制还尚未健全，我国应当加快立法，建立针对性的网络育人规章机制，完善现有的法律条例准则。

其次，应当加大法治教育与法治服务，增强学生的法律意识，在此基础上还应当加大法治服务的整体力度，并且对现有网民的监督反馈体系不断完善。设置专门的网络法治教育网页，从而有助于学生对网络有关法律和知识的了解；通过在网页中设置超链接，从而为学生提供针对不良违法内容的投诉举报途径；运用合理安全的信息反馈系统，扩大为广大学生服务范围，对于接收到有关网络违法行为及犯罪现象的举报，在第一时间对其进行核实并对应采取措施，从而对网络的危害风险有所降低。

再次，我国目前处于数字化信息时代背景下，执法力度不断增强，在对执法队伍建设力度不断增强的同时，对执法人员的权利、职责及义务也要有效明确。

2. 加强网络技术监管

网络能够得到广泛运用，其中最主要的原因就是技术更新非常快。然而，网络平台为网民们提供的复杂多样化网络信息中，必定存在着对学生有消极影响的负面垃圾信息。为了能够高效发挥网络育人作用，我国应当充分运用网络技术，通过深入研究多媒体网络信息技术，创新网络平台对网络用语的产生及传播过程，掌握并建立筛选系统。一方面，运用网络筛选平台或是防火墙技术，对网络平台相关内容严格监控，并分类信息自动过滤将其中的有害违法信息内容及时拦截，避免破坏网络育人环境。另一方面，实时监控互联网中已经发布的有关内容，但是目前我国的现有监控技术还需要进一步创新，仅仅借助现有技术无法对复杂的网络平台全面控制，所以还需要开发专门用于对网络平台有关信息进行检测排查的网络监控体系，第一时间进行权威性的分析评判，对其中存在的不良信息采用积极高效的处理措施，从而引导网民与网络信息更好地接触，做到真正的趋利避害。实际情况证实，推行网络实名制是提高网络育人整体安全性的有力措施，所以网民登录前应当实名认证相关信息并审核登记。应确保网络信息发布的真实可靠性，对网民的基本权益有所保障，实现技术管理及网络疏导的充分结合，并对网络技术监管机制不断完善，保证网络育人环境安全可靠。

3. 占领网络育人宣传阵地

对于网络平台中存在多样化的复杂信息，以及大范围传播的多元化思想观念，应当始终坚持培养拥有社会主义核心价值观的新时期人才这一目标，明确社会主义的前进方向，结合当代网民运用网络的现实需求及特征，营造积极健康的高校学习氛围，从而占领网络育人的主阵地，只有积极创设网络育人教育平台，传播健康网络文化，为高校网络育人提供多元化精彩网络内容，最终创建和谐的网络环境，不断弘扬网络育人主旋律。有关部门还需要依照有关学生运用互联网技术的兴趣特点，制定有针对性的教学目标，并充分运用网络优势特色，建立适合的育人网站，对时政新闻及近期热点动态即时传播，为学生提供网络学习平台，争取做到学生在就有教育。网络育人对传统的灌输式课堂教学方式有所突破，能够为学生提供良好的开放性学习平台，也有效提升学生教育的开展时效性。在此基础之上，我国还要合理构建网络社区，真正地让学生能够对网络社区中面临的问题有一定认识。

4. 努力建设校园网育人环境

现如今，互联网技术对于高校教育事业的开展已经不仅仅是单纯的工具，基于本质层面可以称之为环境。通过运用网络传播发挥育人功能，实现了政治思想教育和文化素质教育功能，从而具备了较高的文化素养水平和专业水平。通过构建良好的高校网络育人环境，如同学科育人一样实现资源优化、统筹建设、严格规范，并组织有关专业学者共同参与校园网育人环境的策划，力求积极开发有关网络传播、网络伦理、网络文化及网络法制、网络心理相关课程。同时结合网络平台的媒体特性，建设多样化的校园网构造文化素养、思政教育互联网环境。在了解高校学生需求的基础上，建设高校学生喜爱的网站，确保所建设的网站具备先进的网络技术、丰富的网络服务内容、强大的交互能力、鲜明的特色等。保证高校学生在使用网络平台多样化的服务过程中，可以潜移默化地接收有益信息，并进一步提升学生对有害信息的抵抗力及辨别能力。网络技术具备了一定的传播特点及技术特性，因此这也决定了在展开高校教育事业中网络环境不可能存在强势权利，所以主张刚柔并济地展开对高校网络的管理工作。"刚"即能够依照我国有关法律规定，建立具备较强操作性的网络管理规章机制，并明确规范网络传播行为，一旦发现违规操作需要进一步处置。"柔"是通过运用话题设置、扩大正向或多方向声音等技巧，引导积极舆论导向，从而获得润物细无声的网络引导效果。在开展网络管理工作中，还需要保证先进文化占据网络主导地位，尽可能减少或避免发生原则性错误信息。除此之外，还需要尤其重视实现高校现实育人及网络平台育人环境之间的良性融合，通过充分运用丰富的网络资源能够实现两种不同育人环境的良性互动，提升高校的教学成效。

三、 提升网络素养

（一） 实现网络文化教育功能

处于新时期的高校想要发挥网络育人功能，应当实现新媒体背景下的网络文化教育功能。

1. 确立文化观

时代在飞速发展，技术水平也在不断提高，同时人的思想及素养水平也不断上升，高校要从以下几方面来确立符合信息化时代特点的文化观。基于校园主体层面，传统教学以强调教师为主体、学生为客体地位，但是网络背景下更强调学生的主体间性，应当尊重学生的主体地位并使学生的主观能动性得到充分发挥。就网络育人目标来看，应当让学生提升应变速度、扩宽目光，重视网络媒体创造的师生互动机会，充分发挥学生的主体作用，形成宽容博爱的文化观念。

2. 增强资金投入， 完善物质基础配备

物质文化是校园文化的浅层结构，覆盖的范围较广，大到学校建设规划，小到一砖一瓦，以及教室内的宣传栏、名人名言及花草树木等，无不传达着校园的精神风貌。所以高校可以提升资金投入，不可将基础设施简单理解为教学场地建设，在建设校园文化中应当考虑建设校园物质文化的思政教育功能，同时与时代背景相结合，建设与时代特色相符的物质文化环境。

（二） 提升网络素养自我教育

相关研究表明，高校学生网络素养水平的提升与学生的自身素质意识无法脱离，所以通过多种渠道充分发挥学生的内在驱动力，更进一步对大学生的网络素养有所提升。目前多数高等院校的网络素养培育课程仍然沿袭传统教学方式，机械化的教学必定无法充分调动学生的学习热情。如今的网络技术发达程度足以为高校提供较好的教学条件，那么高校应当对这一条件充分利用并对教学方法有所变革，重视应用网络技术。一定层面通过更好地帮助学生对计算机的整体运作知识有所帮助，并开展高校学生网络素养教育，基于道德、法律及安全意识层面，开展对学生的网络素养培

训活动。

1. 自我管控，合理安排上网时间

网络平台为高校学生彼此之间的互动交流提供了主要平台，随着互联网技术的大力普及，愈来愈多的学生使用网络资源。如今高校学生的生活及学习时刻需要网络，但是网络对学生有正、负两种影响，学生及网络之间的关系始终存在较大争议。如何学会自我控制并对上网时间合理安排，是高校学生应当具备的网络素养。学生在平日的学习过程中，自我管理尤为重要，这一能力也是高校学生应当具备的能力。通过培养高校学生对网络的自我管控力，明白上网目的，明确自身的生活学习需求，在网络素养教育过程中，让学生知晓互联网平台对学生的消极影响。

2. 明确目标，提升网络信息能力

高校学生在平日的生活和学习中，通常会运用网络平台搜索自己所需的信息。相关研究表明，目前多数学生的网络信息利用率较低，并未能够准确高效且迅速地获取自己所需的资料。所以在培养学生网络素养的同时，还应当提升学生的网络信息分析能力，保证学生能够精准甄别网络信息，高效处理各类信息，从而不断丰富自身的知识体系。还需要培养学生提高自己的网络资料收集专注度，避免被其他事情造成困扰而影响信息收集效率，浪费时间。对于高校学生来讲，应在生活和学习中不断培养自身的网络信息处理分析能力，从而确保自己能够对网络信息资源高效利用，以此能够创造出更多的社会价值。

3. 加强修养，维护网络秩序

高校学生需要明确无论身处任何环境，都应当对自己的言语行为负责，尤其在复杂的网络环境下，应当遵循网络世界的规章原则。一方面，学生不应对网络谣言随意听信并扩大舆论影响力度，始终保持清晰的头脑，并时刻牢记法律规定，不利用网络做违法乱纪的事情。尤其在日常的生活学习中，高校学生需要主动学习有关网络法律条例规定，并对自身的网络信息鉴别能力不断提升，也需要对自身的网络安全意识认知不断强化，以此为目标综合提升自身的网络素养。另一方面，大学生也需要对自身的自律意识不断增强，并始终坚持维护网络秩序，做一名具有文化素养且遵纪守法的网民，为净化网络环境贡献一分力量。

（三） 加强网络素养教育

培养高校学生提升网络素养，对大学生形成正确的"三观"具有重大意义。网络素养教育同样应当纳入高校教育中，从而使其充分发挥作用，对校园文化及学生素养水平产生积极影响。高校应当在日常教学过程中加强网络素养教育，重视开展网络素养教育并开设网络信息课程。通过开设网络教育课程并结合网络实践，让大学生群体明确网络言行正确与否。实践能够在一定层面帮助学生提升自身的管理能力，也对自我约束能力不断增强，降低学生沉迷网络的情况，还可以提高高校的教学能力，对学生的学习主动性充分提升。此外，在培养具备专业知识前提下，可以培养我国社会发展所需的高素养人才。所以网络素养能够全面提升高校学生的素养水平，更是对网络环境净化及推进社会良性发展的需求。

提升高校学生的网络素养水平，侧重点在于教育结合实践，只有两者充分结合才有成效。目前多数高校仅仅向学生们灌输网络素养教育，希望以这种方式培养学生达到教育目标，但是由于多数学生缺乏对网络素养的准确认知，因此仅仅基于教学环节展开理论授课，并未让学生真正踏足实践，导致最终的网络素养教育仅仅停留于表面，并未对网络素养的真正内涵深入了解。因此，高校展开网络素养教育还需要创新授课模式，从而保证网络素养内容可以契合社会发展，更好地帮助学生进行实践运用，并在实践中反复总结深入学习形成高水平的网络素养。

1. 完善网络素养课程体系

我国高校的网络素养培育整体处于发展阶段，网络素养教育需要顺应时代发展所需，满足大学生的受教育需求。高校需要帮助学生掌握网络素养教育内涵，充分了解网络信息传播特点。在此基础上与高校学生的自身发展特点充分结合，最终实现学生网络素养的目的性教育。也可实现多部门之间的分工合作，共同组建网络素养培训小组，统一构建并落实具体课程。领导小组及其成员还需要充分调研并了解高校学生现有的网络素养水平，编订与学生现有网络素养水平相符的课程教案，并积极与专家学者探讨如何建立素养培育管理机制。基于我国网络素养培育逐渐发展的背景，还可以由权威学者完成有关课程教材的编撰。

2. 网络素养纳入思政教育课程

与传统高校思政课程不同，网络素养思政教育是创新型内容，所以需要将网络素养纳入教育体系，高校应当增设思政教育结合网络素养课程。研究发现思政教育与网络素养相似，都是以培养学生人格为主。以教育成才为出发目的，培养健全人格，提升综合素养，也能够帮助学生对马克思主义理论形成正确的认知。除此之外，高校还可以将网络安全意识、法制观念融入原本的思政课程教学中，实现网络素养结合思政教育，树立网络安全意识，因此，展开网络素养教育可以更好地帮助他们面对网络平台所带来的消极影响，让他们进一步提升网络素养。

3. 丰富校园网络文化建设

校园是高校展开网络素养教育的关键，所以在开展校园网络素养教育过程中，高校应当对自身资源充分利用，并培养学生的网络素养。

一方面，高校应当创建校园网络平台，对学生的日常学习生活有所丰富，为学生创设有关素养教育的新途径。经过校园平台加大对各类信息的宣传，最终有效提升学生的网络素养。在建设网络素养教育校园平台时，高校还需要与学生的实际生活学习相结合，不断丰富更新网络资源，并以高校的校园生活为主要信息载体，与学校生活相贴近，加大对校园热点新闻的关注度。同时还需要确保校园教育网能够对学生产生较大吸引力，通过提升网站新颖实用性，为学生提供所需的资源，其中包括程序软件、学习资料及影视动画等。

另一方面，高校展开对大学生的网络素养培育，积极开设不同类型的校园文化活动，譬如网络素养培训讲座，对大学生的网络素养兴趣充分提升，积极运用高校教育资源。与此同时，学校还可以开设多样化网络素养活动，帮助学生汲取多类资源，提高学生对网络素养的培育关注度。如此一来，不仅对学生的知识面有所增加，更能在第一时间对学生思想动向有了积极了解，构建了与大学生相符的特色网络素养培训课程。

（四） 树立学生网络道德示范

想要高校学生养成良好的网络道德素养，往往需要长期且动态化的努力过程。处于这一教学过程中只有充分全面发挥社会、家庭、学校多方优势，才能最终取得预期的网络德育效果。

1. 搭建 "三位一体" 教育平台实现网络德育综合治理

（1）高校是网络德育主导者

在网络德育过程中，高校应当充分发挥其主导作用，不给学生与网络接触的机会，又何谈培养新时期人才？因此，高校应当摆正心态让学生对网络媒介形成正确的认识和明确的使用态度。

首先，高校思政施教者可以向学生开展"网络道德规范、网络道德责任"为主题的教育，尤其对于刚踏入学校的新生，可以加强对他们网络道德责任感的宣传培养。经过教育让他们明白面对网络应当如何取舍及正确选择，提升他们的道德辨认、选择及判断能力，对网上存在的多数不良消息仔细过滤，对于网络道德规范可以自觉遵守。

其次，需要对高校现有的校规校纪进一步完善，并建立规章机制对学生的网络行为适当约束。各高校还需要结合学生的网络平台生活学习具体情况，在学生管理条例中加入网络平台的使用规定，从而基于规章机制方面强化高校学生对网络媒介的运用管理。

此外，高校还需要结合学生的实际情况及现有的相关法律规定，譬如《大学生网络道德规范》《学生上网须知》《学生公寓网络管理条例》《大学生网络违纪处理条例》等，加入有关网络道德的内容，最终实现对学生上网的强化管理并建立有关信息反馈渠道，对于已出现的高校学生失范情况应当予以针对性的积极引导。

（2）家庭是网络德育教育者

在对高校学生展开网络德育提高其网络素养中，应当充分发挥家庭的网络德育功能。家长应当积极和子女之间展开沟通交流，以便对孩子的思想动向及时掌握，为子女提供生活学习等方面的困难解决方法，拉近父母和孩子之间的距离，让他们真正地感受到家庭的美好，创设良好的家庭氛围。家长还需要和校方之间密切合作，通过加强有关学生网络信息的交流沟通，对学生的在校情况及时把控，也更有助于和学校合作展开有效教育，并对学校的教学管理成效进一步巩固，更在一定程度上有力保障高校学生形成良好的网络道德行为习惯，确保学生能够对互联网平台良性运用。

（3）优化网络育人环境

通过加大高校学生的网络监管力度，可以增强网络相关执法力度，从而对网络育人环境有效优化。我国现有的相关网络法律条例对于规范学生的思想行为均有着十分重大的价值。应当对我国的网络法律发挥建设不断强化，并力推网络实名制，创设良好的网络环境，真正做到网络操作有法可依。对于高校学生的网络不良上网行为展开现实教育中，关键问题不仅仅是借助法律条例，还需要结合网络道德舆论的力量，引导学生能够做一名有道德的网民。政府也需要重视增强对网吧的管理力度，通过取缔不合法网吧。政府还可以接受社会群众的监督，树立先进的网吧行业典型标准，如此一来，开诚布公地将合格网吧标准颁布落实，保障网吧合法经营，与高校之间配合协作展开合法上网教育。

2. 建立聊天室，鼓励学生参与实践活动

（1）建立匿名网络心理咨询或聊天室

考虑到高校学生仍然处于比较特殊的时期，一旦产生生理及心理问题，他们更倾向于借助网络平台倾诉，而不愿意在父母或师生面前诉说。可以借助网络平台降低他们的心理防线，帮助他们克服自己的内心障碍也能够更好地建立自信，避免产生面对面咨询沟通交流的尴尬。通过采用网络平台开设匿名心理咨询室，或开设 QQ、微信、微博讨论组等方式，帮助他们引导正向心理解决困难。此种无须面对面或留下真实姓名的形式，能够让他们无所顾虑地表达自己的内心，也经过积极地引导沟通和真实表达，能够帮助高校学生学会自我调整和选择利弊，以积极的态度去面对学习和生活。

（2）鼓励学生参与社会实践活动，提高道德感受力

学校还可以重大节日或典型示范为契机，始终紧贴教学中心开展多样化的社会实践活动，培养学生形成社交及适应能力，也由此减少学生的上网时间，避免他们沉迷网络。不仅如此还能够实现网络虚拟及实际生活的充分结合，真正提升学生的个人素养水平养成良好品行。

3. 提升学生的自律能力

在当前复杂的虚拟网络环境中，想要真正营造安全健康的网络育人环境，

就应当重视网络育人工作，除了国家和社会应当努力，参与其中的高校学生也应当提高配合度。所以学生处于隐性且多元化的网络环境下，想要提升自身的网络素养就应当首先提高自己的自律能力。

（1）增强学生法制自律

网络平台毕竟是隐性育人场所，通过引导高校学生有效自律，能够对网络法律短板问题有效弥补，所以学生应当具备对网络多元化信息的精准辨别能力。以便对网络环境中的优劣信息正确评判，对自身的错误网络观念更好地摆脱。不仅如此，网民还需要增强自身的网络意识及责任感，通过对网络有关的法律意识认知不断积极主动地学习，对出现的网络违法乱纪行为更好地抵制。只有学生自身对自律意识不断增强，并严格恪守法律条例，真正学法、懂法、守法，才可以对自身的免疫力充分提升，在运用网络平台中使用法律保护自己。除此之外，学生还需要肯定法律的作用，学会使用法制规定保护自己一旦遇及危险，敢于使用法律武器更好地保护自己。

（2）增强学生媒介自律

网络时代给我们的生活带来了诸多改变，处于"媒介化"社会背景下，面对愈来愈多样化的媒介类型，以及愈来愈齐全的媒介功能，媒介正在以其自身的强大能力对我们的生活产生渗透性影响。虽然网络媒介给我们的生活学习带来诸多便利，但同时也会被不良网民所利用。近些年来媒介使用失衡所致违法乱纪的情况逐渐增加，部分网民运用网络媒介对他人隐私盗取，甚至部分学生沉溺于网络视频、游戏等，缺乏自控力，而这也导致他们的思维更加平面化、简化。网络媒介平台在运用过程中出现的不良信息，甚至会对网民的身心健康造成很大程度影响。在此情况下增强学生的网络自律尤为重要。

（3）加强学生道德自律

网络多媒体信息时代背景下，学生是受教育者，其言行举止在一定程度上也摆脱了传统道德规范的约束，只有借助对道德伦理及法律规范的不断宣传，并借助个人内心实现对自己的约束。道德自律也要求学生严于律己，真正转变外部规范为自主行动。

（4）加强学生自我道德教育

学生在网络世界中还应当重视对自我道德教育的不断加强，由于网络平台的开放性及虚拟性，也极易导致学生的价值观失衡产生错误观念，更出现道德意识减弱的情况。所以如何不断提升学生的网络素养水平，真正维持网络社会的真正洁净，是目前所需解决的关键问题。在这一背景下，学生能够真正地"慎独"十分关键。慎独是学生能够不断自我完善和规范约束的过程，学生应当从自身做起，时刻运用网络道德规范对自身言行举止的严格约束。与此同时，还需要不断约束自我并自我反思，规范自己，形成自律的好习惯，做好自己网络世界中的把关者，也能够将自己身为"把关者"这一保障引导作用充分发挥，配合高校学生的网络育人工作，真正成为具备完美道德素养的新时代人才。

（五）优化网络素养培育环境

1. 健全网络引导机制

网络文化环境具备虚拟开放性，为发布并传播不良网络信息提供有利条件。应当制定有关网络素养法律规定，对学生的上网需求加以明确，对学生的上网行为有所规范，严厉惩处发布和传播虚假信息的人。

要求学生对网络中的不良信息自主过滤，学会有效甄别、归纳并总结网络中的海量信息。如果学生处于健康网络环境中，一旦遇及违法犯罪或是处理虚拟信息，学生彼此之间可以互帮互助，对网络不良信息共同抵制。

现在的网络环境，学生上网已经绝非单独个体的行为，但是施教者并不能每天都要学生的网络行为全天候监管。再加上学生上网是自发行为，上网的时间也是不可控的。所以高校学生在上网互动过程中，应该形成正确的网络意识认知，明确网络平台的利弊，由此增强高校学生正确参与网络，真正认识到网络内涵并提升自身的信息搜集处理能力。

2. 加强社会对网络的正确引导

对大学生来讲，网络内容是复杂多样的，承认网络的重要性的同时，还可借助资源共享引导学生真正地了解世界，并对世界的多元化信息组织整理。所以要求引导大学生在网络平台中保证健康的心态，除了游戏之外还可以运用诸多宝贵数据，如若单纯沉迷游戏则失去原本网络的真正意义。对高校学生沉迷网络问题的解决，切忌单纯运用堵截的方式，需要疏导学生的上网行为，并与学生自身的发展规划相结合，从而真正引导他们确立处于大学阶段的奋斗航向。政府也可以通过建立绿色网站，向大学生展示社会发展局势及幸福生活的来之不易，通过加大对正能量的宣传，创设有益健康的网络环境，政府多部门之间能够多方协作，最终对网络素养问题有效解决。这也凸显了高校大学生群体重视网络素养理论指导的重要价值，通过树立健全的政策举措并告知学生能够正确使用网络。国家还可完善现有立法推进高校网络素质教育。

3. 加大政府网络监管力度

想要真正地维护网络安全保护学生的网络利益，唯有为高校学生创设良好的生态化绿色网络环境。这是重要的民心工程。部分人借助网络平台散播谣言和虚假信息，对他人的权益造成很大程度的侵犯。有人在生活中一旦遇到不舒心的事情便在网络平台上发泄，因此政府应当加强对网络平台的整体监管力度，解决目前网络平台存在的欺诈行为，并完善现有的监管机制，严格监管热门话题，及时引导并监控网络舆论导向，预防出现事态扩散，影响力扩大。对于网络违法犯罪行为应当严厉打击，加强政府对网络的监管力度并对各行各业职责均不断明确，从而加大政府的网络监管力度。通过增强网络信息文化的监管净化网络环境，禁止传播虚假信息。

4. 完善相关网络素养法律政策

法律素养对于大学生来讲也是综合素养不可或缺的重要组成部分，大学生在社会生活中存在运用法律知识的可能性，所以社会各组织应当予以帮助，重视对高校学生的网络法律教育，对大学生的上网行为正确引导。政府还需要加强制定网络素养有关法律规定，真正地做到有法可依、违法必究。这一方面，对大学生起到警示作用，对其网络不良行为有所约束，更能够帮助他们能够对自身上网动机有所明确；另一方面，还可以传播网络正能量。总而言之，通过建立并结合实情不断完善相关网络法律规定，能够对高校学生的网络行为不断约束和规范。

第五章　以德润行
——发挥先锋作用

中国共产党党员是中国工人阶级的有共产主义觉悟的先锋战士。中国共产党党员必须全心全意为人民服务，不惜牺牲个人的一切，为实现共产主义奋斗终生。

中国共产党党员永远是劳动人民的普通一员。除了法律和政策规定范围内的个人利益和工作职权以外，所有共产党员都不得谋求任何私利和特权。

——《中国共产党章程》

在实施科教兴国战略及高等教育发展的进程中，我国已经逐渐发展成为高等教育大国。党的十九大提出，"落实立德树人根本任务，发展素质教育，推进教育公平，培养德智体美全面发展的社会主义建设者和接班人。"全国高校思想政治工作再次强调，把立德树人作为高校思政工作的中心环节，是办好中国特色社会主义大学的立身之本，深刻地回答了"培养什么人，怎样培养人"的基本问题，是对长期以来育人工作中困难的集中回答。

"立德树人"要求高校组织必须厘清德育与其他教育之间的关系，明晰教育体制。坚持立德树人就是要始终坚持马克思主义指导思想不动摇，夯实实现中华民族伟大复兴中国梦的思想基础，坚持用习近平新时代中国特色社会主义思想把舵定向、铸魂育人，发挥高校各级组织的功能。

2017 年 2 月，中共中央、国务院印发了《关于加强和改进新形势高校思想政治工作的意见》，从当前高校的现实情况看，还在一定程度上存在"重教书轻育人""重智育轻德育"的现象，为更好地做好育人工作，必须充分开发育人路径。高校组织作为高校立德树人的重要载体，其育人功能还有待挖掘与发挥，有必要进一步研究和推进。

一、 组织育人环境

（一） 组织育人环境的基本内涵

高校组织包括党组织、群团组织、学生组织、学术组织、网络组织等，高校"组织育人"是指以各类型组织为载体，根据各类型组织的特点，发挥组织育人功能，对学生进行思想政治教育，使学生成为具有正确价值观、世界观、人生观，全面发展的社会主义建设者和接班人。

组织育人环境的育人功能体现组织育人的效果，不同类型的组织有着不同的育人功能，包括思想领导功能、行为规范功能、能力提升功能和榜样示范功能。思想领导功能主要表现在凝聚爱党爱国思想、加强理想信念教育和塑造正确的价值观；行为规范功能主要表现在规范日常行为和学习行为；能力提升功能主要是通过组织活动、组织学习、组织管理等提升学生的组织协调能力、社会适应能力和今后工作所需的实践技能等各方面的能力；榜样示范功能主要表现在为学生树立标杆、对学生进行精神激励。总而言之，组织育人坚持立德树人的根本任务，以党组织为统领、发挥群团组织和学生自治组织等各级各类组织育人功能，将正确的思想政治观念和核心价值观融入其中、因事而化、因对而进、因势而新，形成良好的育人环境，通过引领学生的思想、规范学生的行为、对学生进行榜样教育、提升学生的能力，使学生成为德智体美劳全面发展的人，从而更好地适应社会、融入社会。

（二） 组织育人环境的现状分析

青年既是社会主义现代化建设的"剧中人"，又是"剧作者"。青少年阶段是人生的"拔节孕穗期"，最需要精心引导和栽培，因此建设组织育人良好环境是新时代高校组织育人的重要任务。组织育人具有路径隐蔽、内容丰富、效果显著等独特的育人优势，通过各类组织开展理论学习、文体活动、勤工助学、社会调研、志愿服务、创新创业和支教扶贫等丰富多彩的活动，可提升学生的主动性，激发学生的内在潜力，在潜移默化中影响学生、培育学生，让学生亲身参与组织生活中受教育、长才干，变"社会、老师要我这样做"为"我要这样做"且"我正在这样做或已经这样做了",实现思想政治教育"内化于心、外化于行"的效果,发挥"思政课程"与"课程思政"的同向效应,为改进人才培养工作、提高人才培养质量提供了新的路径。

1. 组织育人环境构架

党组织是组织育人的领导核心。党组织是办好社会主义大学的"压舱石",党委对学校工作进行全面领导,各级党组织对本级组织的工作进行全面领导。一是进一步强化育人的意识和功效,将立德树人嵌入党组织的职责与功能中,在党组织系统中,发挥好党委领导核心作用、院系党组织政治核心作用和基层党支部战斗堡垒作用。二是要履行好领导与统筹协调其他组织的职能,在党组织系统之外发挥引领示范的作用。

教师组织是组织育人的重要因素。加强对教师的思想政治工作,关注教师的思想动态、成长发展,为团结凝聚广大教师发挥桥梁纽带作用,是教师组织的题中应有之义。教师的个人素质、师德师风、使命担当是十分关键的因素,需要组织有意识地培育和规范。同时,教师自发组织还蕴藏着将"学术共同体"延展到"育人共同体"的内在力量,也是发挥组织育人的关键性因素。

学生组织是组织育人的直接力量。一方面,激发学生主动管理、自我管理的意识,充分尊重学生作为个体的主体性;另一方面,在组织育人的实践中,要高度重视学生所在的组织,充分发挥学生组织的作用,学生组织是最直接的力量来源。

2. 组织育人环境现状

我国高校组织育人通过长期的发展取得了一定的成绩,坚持党对高校的领导,保证社会主义办学方向,开展组织生活状况越来越规范,开展组织生活的覆盖面在逐步扩大,但组织育人实践还存在着发展不平衡不充分的现象,拓展意识淡薄、结构机制阻滞、内部运行失衡现象在一定程度上有所显现。

一是组织育人的意识有待增强。如部分组织工作缺乏主动性,自身的功能定位不准,将工作停留在发展学生党团员、开展学生活动、处理事务性工作上,引领功能认识不深;部分组织思想建设落后,思想政治理论学习不够,甚至长期不开展政治理论学习活动,组织成员理论素养不高,思想育人觉悟不够；部分组织脱离师生实际明显，组织工作流于形式，对育人方式方法缺乏有效研究，对工作的推进浅尝辄止，育人成效甚微；组织的协同育人意识欠缺，只注重自身的建设发展，不重视整合育人资源，协同联动不足，影响了高校整体育人质量的提升。

二是组织育人的合力有待形成。如校级组织与院系基层组织之间的指导、服务关系需提升，加大简政放权力度，由管理为主向指导和服务为主转变，积极鼓励基层组织创造性地开展工作；党组织与群团组织之间的连接需加强，群团组织与基层党组织之间连接不畅，往往各行其是，共享性不足、协作性不强；共青团组织对各类学生组织的工作指导需提高，在指导学生组织建设中，在活动开展、经费保障，以及学生干部任免、奖励等方面，给予学生组织自我管理的空间较小，导致学生组织的自主性缺乏，工作积极性不足，育人功能的发挥受到限制。

三是组织育人的重点有待强化。如部分基层党组织的政治领导功能发挥不完全，存在"重部署，轻落实"现象；部分共青团组织的思想引领功能发挥不充分，活动形式化、娱乐化倾向明显；高校学生组织的自治性功能发挥不明显，在自身专业化建设上存在"短板"，自治力不强，覆盖面不广，专业化育人效果不突出。

四是组织育人的方式有待创新。如高校组织的网络育人能力有待提高，一些党团组织的网络舆情引导力不足，监管不严，导致一些不良事件在网络上发酵、传播，造成恶劣的社会影响；组织的实践育人能力有待加强，部分实践活动形式单一，脱离大学生实际，不注重对师生思想状况进行调查研究，创新创业教育辐射面不广、渗透性不强，育人效果甚微；组织的文化育人能力有待提升，一些高校组织对自身文化建设不重视，对文化氛围营造不积极，忽略了组织文化对师生的隐性浸润作用。

（三）组织育人环境的建设路径

在教育部党组印发的《高校思想政治工作质量提升工程实施纲要》中明确提出，组织育人的任务是"把组织建设与教育引领结合起来，强化高校各类组织的育人职责"。坚持全程性与全方位性相统一、主导性与主体性相统一、显性教育与隐性教育相统一原则，确保组织育人的科学性与合理性，切实发挥组织育人的功能。

一是强化党组织育人的领导力。学校各级党组织要自觉承担起育人的主体责任，充分发挥政治思想引领功能。当前部分基层党组织建设弱化、淡化、虚化、边缘化，使得党组织在思想政治工作中作用不明显，甚至出现部分党员教师只教书不育人的现象，对于高校组织育人工作来说，这是亟须解决的问题。为此，要强化党组织的育人功能，坚持以立德树人为根本任务，建立高校党委、院系党组织、基层党支部三级联动关系；发挥高校党委领导核心作用，坚持和完善党委领导下的校长负责制，贯彻落实党的教育方针，切实加强对各级组织的领导，统筹规划、全面实施；发挥院系党组织政治核心作用，提升组织工作能力和议事决策水平；发挥基层党支部战斗堡垒作用，强化中国特色社会主义理论体系教育，将社会主义核心价值观融入思想政治教育全过程，进一步加强基层党支部对党员的教育管理作用和对师生的宣传引导作用，从而构建科学的党组织育人工作体系，增强党组织的政治功能、引导功能、服务功能，为青年学生的自由全面发展提供根本保障。学校党政各部门、群团组织在党委统一领导下，密切配合、加强沟通，充分发挥各自在教学、科研、管理、服务方面的优势和积极作用，把高校组织育人工作制度作为"三全育人"的重要基点，将组织育人工作"软指标"变为"硬约束"，全面推进组织育人工作主渠道、主阵地的深度融合，系统规划组织育人工作队伍的专业化的建设，形成全员全程全方位育人的良好局面。

二是激发团组织育人的凝聚力。党的十九大报告指出，青年兴则国家兴，青年强则国家强。高校共青团组织是由大学生中的优秀分子组成的，经过党组织的精心培养和教育，有自上而下的完整的系统组织结构，有一支专兼职相结合的高素质的团干部队伍。因此要着力激发高校共青团组织的活力，积极发挥团组织在政治、组织、人才方面的优势，在党组织领导下，构建以团委为中心，以学生会为学生自我服务、自我管理、自我教育、自我监督的主要学生组织，以学生社团等其他学生组织为外延的组织育人格局；以党建带团建，将团组织建设纳入学校党组织建设总格局之中，使团组织与党组织在思想和行动上保持高度一致，从而在育人活动中保持步调一致；构建分层分类一体化思想引领工作体系，用社会主义核心价值观引导青年学生，通过开展丰富多彩、入耳入脑的教育活动，帮助大学生树立正确的"三观"，提高青年团员的思想政治素质；强化服务意识，通过优质服务提升团组织的影响力和感召力，在宣传党的方针政策的同时要反映学生的合理要求，主动维护学生的学习生活权益。

三是提升学生组织育人的感召力。高校学生组织是新时代大学生生活的重要组成部分，是培养全面发展的社会主义建设者和接班人过程中，全方位融入校园文化活动，做到寓教于乐、活动育人的重要载体。青年学生有鲜明的性格特征和深刻的新时代烙印，也有其成长阶段所特有的心理特性。学生组织作为学生"认识自我、展示自我、发展自我"的重要平台，是大学生提高自身综合素质的有效途径。学生组织通过开展丰富的校园文化活动，让学生在快乐、自主的活动体验中学到很多课本上学不到的东西，提升学生的创造性思维，培养学生养成优秀的品德，拓展学生的视野和能力，对大学生产生潜移默化的示范引领作用，使学生的自我表现欲得以满足。大学生通过参与组织活动，锻炼培养了自身的组织能力、思维创新能力、表达能力和实践能力；通过参加公益实践类组织生活，锻炼和培养了关系身边人、身边事的人文关怀和优良品质。学生社团作为高校中数量最多、具有较强影响力的学生组织，是学校第二课堂的重要组成部分。高层次、高质量的社团活动有利于凝聚学生的价值取向和群体意识，社团文化是社团成员根据自己和时代的需要创造出来的，具有广大的群众基础和精神认同，良好的社团文化不仅可以引导学生树立正确的价值观念，还可以培养他们的爱国之情，增强他们民族自信心和历史责任感，具有很强的教育功能。因此，新时代高校学生组织已经成为培养社会主义现代化所需要的高素质人才的重要手段，要着力提升高校学生组织的感召力。

四是扩大学术组织育人的影响力。高校是学术研究、追求真理的重要阵地，是先进思想和文化传播的重要场域，离不开学术组织这一特殊实体的依托。学术组织是高校组织育人中教学、科研、服务等职能开展的基础性平台，具有独特的育人功能。学术组织对高校学术氛围的培养起到了积极的推动和激励作用，也是开展大学生思想政治教育的重要桥梁，让学生在潜移默化中受到教育和启发。在文化多元的新时代，简单的课堂知识传授远远不能满足学生自身专业知识的渴求，高校教育需要更丰富的知识来源作为支撑，学术组织中以科研活动育人是对高校课堂的有力补充。学术组织作为第二课堂的重要组成部分和主要体现形式，更多的是一种价值观影响和学术熏陶的过程，也包括对学生创新精神和实践能力的培养。同时要构建教师党支部与教师学术组织的联动机制，通过"双带头人"等培育机制，发挥学术带头人在党支部和学术组织中的带动和黏合作用。充分挖掘学术组织育人的资源，是"着力构建一体化育人体系，打通育人最后一公里"的重要途径。如何利用学术组织这一组织形式，培养优良学风，增强大学生思想政治教育工作的实效，强化立德树人和素质教育的理性自觉，是当前高校育人工作的当务之急。

五是构建组织协同育人体系。高校组织是"一切积极育人资源的集中而系统的配置之所"。首先，要以先进性为目标，强化各类组织的合力育人意识，应尊重不同类型组织的特点，充分发挥各自特色优势，通过机制联结、资源整合、优势互补等形成组织育人的整体优势。如在学校党委统筹下，分别发挥基层学生党支部、团组织、班级、学生会、学生社团等组织的优势，有目标有范围有层次地进行组织共建、资源共享、协调联动，构建工作有统筹、活动有层次、组织间优势互补、工作效果最优化的组织育人模式。其次，要以规律性为遵循，提升各类组织的分层育人能力，尊重个体的差异性，遵循学生成长规律、教书育人规律和人的思想品德形成发展规律，从客观实际出发，正确处理好普遍要求与分类指导之间的关系。再次，以创新性为导向，强化各类组织的实践育人效果，创新组织育人载体、内容、形式和组织评价机制，紧随时代发展大势，把握自身工作的着力点，不断改革创新，实现工作质量提升。最后，要发挥机制协同，树立全校一盘棋的思维，使其渗透到组织育人的各个环节、各个要素之中，强化责任、狠抓落实，实现全员全程全方位的育人格局，从而实现在动态中把握平衡，在激励中凝聚力量。发挥组织文化育人作用、开展组织实践育人活动，把各类组织的育人目标和学校的整体育人目标有机结合起来，把组织目标与师生个人发展目标结合起来，让师生将组织目标内化为个人的目标并为之努力。

二、 发挥 "三自" 育人功能

"三自"育人也就是实现"自我教育、自我管理、自我服务"，三者相互密切联系，高校学生在成长中，想要实现自我教育、自我管理、自我服务，必须基于自身实际情况，从点滴做起，在思想上坚持不断进步，在学习及生活上坚持独立自主，在人格素养上坚持自尊自爱，在行为意志上坚持严于律己。学生只有始终坚持自尊、自强、自立，才能够不断挖掘自身潜力，学会独立思考，用自己的双手和大脑处理问题，真正实现人格独立。在和谐校园建设中，只有实现对"三自"育人功能的充分发挥和应用，才能够在社会建设中发挥青春力量，共建和谐社会。

（一）"三自"育人的作用

著名教育学家魏书生曾经提出："民主是连接师生心灵的桥梁。"从这一思想可以看出，在实现自我教育、自我管理、自我服务进程中，必须要注重发挥民主精神，促进学生的个性化发展，如果脱离民主，也就容易影响学生的个性化成长，直接影响教育效果。他还说："学校工作和班级工作应最大限度地依靠民主管理和制度管理，少一些人治，少一些无效劳动。"由此可见，注重、尊重学生个性特点及其个性化发展，师生相互尊重、相互信任，形成和谐的氛围，更有助于提升学生的学习效率，更能够对学生成长起到良好的促进作用。

在学校素质教育过程中，"三自"育人工作是主要内容之一。高校教育的重点是培养合格人才，提升学生的综合素质，包括专业素质、人文素质、政治素质及心理素质等。想要培养广大学生的综合素质，自然不能够单纯依靠课堂，需要借助一系列"自我教育、自我管理、自我服务"实践活动。在发展中始终坚持中共中央、国务院《关于进一步加强和改进大学生思想政治教育的意见》文件精神的引导，坚持实现"三自"育人功能，以能够促进学生的思想健康发展，建构良好校园环境并促进学生综合素质的提升。

（二）"三自"育人的目标

1. 自我教育，育好自我，自立立人

在高校思政教育中，自我教育也是一种常用方法，教师基于学生身心发展现状，积极指导和引导学生自我教育。教师采用启发和引导方式，了解学生的内在教育需求，构建和谐、民主的宽松教育环境，制定相应的教育活动，

有计划地开展，并将其转化为奋斗目标。高校学生的自我教育，即广大大学生的自我发展目标，主要是在各项教育活动中提升主人翁意识，认识到自我存在的不足，完善自我，成长自我。教师所制定的各种教学目标转变成为学生的努力目标，有助于学生建构正确是非观，提升学生辨真伪、分善恶的能力，在个人成长及发展中，坚持追求真善美、反对假恶丑。在自我评估中，也能够充分认识到自身存在的不足，并了解自身优点和值得发扬的地方，逐渐提升自我评价能力，肯定和坚持自己的正确观念及言行，对于错误观念和行为也需要坚持改正。在学生自己的成长进程中，学会采用批评和自我批评方式，不断进行自我反省，以能够对自身优势和劣势有明确了解，在对自我全面综合认识的基础上，实现自我教育及自我监督。学生可以通过在校内外相关文体活动及社会实践等参与过程中，通过实践不断寻找自我教育动机，及时了解社会上的正确道德准则及相应的行为规范，并逐渐将其转化为自我的思想行为标准，从而引导自身主动积极接受教育，不断实施自我教育。

2. 自我管理， 管好自我， 示范他人

自我管理即个体依照自身目标、心理及行为等实现自我约束及自我激励。大学生思维活跃，乐于追求独立，具有独立意识，喜欢独立空间，经常独立思考问题、分析问题，乐于表现自我。因此，在教育教学过程中，自我管理是学生管理的主要方式之一。在管理过程中，有时间空间管理、行为目标管理、个人财务管理、情绪管理及职业技能管理等方式。在对学生实施行为目标管理的过程中，了解学生的性格特点、爱好兴趣、知识现状及事业价值等，分析自身存在的优势及劣势，制定具体的学习及发展目标，制订计划并将其落于实际。在此过程中，提升学生自我管理的针对性及可行性。在时间空间管理过程中，有助于提升学生的时间应用效率，学会对空间合理协调，实现对自控时间和他控时间的科学处理。在管理中提升时间分配合理性，形成精确的时间观念。明确不同时间的任务，认识到不同事件的轻重缓急，合理调整时间，实现个人最佳状态。在职业技能管理中，需要结合社会需求掌握相应的职业技能，注重提升学生自身的人际交往能力、合作能力及沟通能力等综合能力，并建构一定的责任意识及危机感，学会考虑自己的未来，思考自身在社会上的生存优势及劣势，以此调整自身能力，从容面对社会压力。在

个人财务管理中，提高对理财的重视，掌握一定的理财方式，实现对自己有限钱财的科学管理及应用。形成正确的消费观及金钱观，切记不能相互攀比，盲目跟风，养成不良消费习惯。在情绪情感管理过程中，学会对不同情况下自己的情绪控制，理性面对生活或学习中的各种压力及烦恼，保持良好的心态，以理性态度战胜感性想法，对不同事物报以客观看待及评价，并以客观态度对待自己。明确认识到自身所处阶段的任务，制定完成方案，并学会去适应高校生活，基于自身学习的专业及学习现状制定发展目标，实现对自我的清醒认识。在生理心理管理中，学会对不同环境中的心理压力合理处理，明确认识到自身所存在的生理征兆，并对其实施有效处理，防范出现角色模糊及角色冲突，合理处理面对的各种矛盾，促进自身的身心健康发展。

3. 自我服务，服务自己，带动他人

自我服务即为结合自己的真实需求，自己对自己进行服务，依照自己设定的方向实现自身各种能力的发展，比如为自身提供服务、为自身价值观的形成提供服务、为自我思想意识形成提供服务等。高校学生的自我服务有丰富的内容，主要包括：管理及被管理的角色互换，自身素质及实践能力的提升，不同事务处理及问题处理及不同资源的获取等。其中，在管理和被管理的角色互换过程中，能够培养出为同学服务的意识，有助于实现同学间的沟通交流，共同进步、共同发展。在各项事务及问题处理中，可以通过服务自己和服务他人对自身进行锻炼，比如可以通过参加学校的各项学习生活活动、社团活动等，提升自己的实践能力，在此过程中接受教师指导及监督，提升自己的动手能力，为以后的就业奠定基础。通过参与素质拓展活动，提升自身的实践能力，同时也能够通过在活动组织、策划中的全过程参与，培养自身职业素质及团队学习能力，实现对自身综合能力的锻炼及培养，从而有效地掌握自我服务方式。

（三）"三自"育人的实现途径

教育和自我教育、服务与自我服务、管理与自我管理都具有辩证统一关系，"三自"的存在就是教育、管理及服务的结果，同时也是其内在驱动力。所以在现代高校学生教育、管理及服务中，必须要充分发挥学生这一主体的自我教育、自我管理和自我服务价值，从而显著提升高校的各项教育、管理

及服务质量。在具体的"三自"育人实施过程中，可以从以下几方面着手：

1. 强化民主法治教育， 提升 "三自" 育人意识

强化民主法治教育，对于高校学生成长具有重要的引导作用及保障作用，同时也能够为自我教育、自我管理及自我服务提供条件。高校在思政教育过程中，还需要注重培养广大学生的民主法治意识，在教学中，也需要强化学生的民主法制教育。民主法制和"三自"育人的有效结合，能够通过培养学生民主法制意识建构和谐校园，充分发挥"三自"育人功能，促进高校学生的长期健康发展。比如，在学校中可以强化公平正义教育，强化学生的道德培养，让广大学生做到明辨是非。对广大学生实施针对性诚信教育，引导学生诚实守信，培养契约诚信意识。在学校建构和谐的师生关系，对学生实施人格平等教育，让广大学生感受到平等，并充分认识到平等在民主及法制中的作用。提高学生在民主中的参与积极性，不管是在学校推优还是在干部选聘等中，都应该积极施行民主选举与民主决策。在学校校园环境建设中，也需要积极应用学生社团等组织的作用，在与学生利益相关的活动实践中积极参与决策，实现学生的主体地位，体现学校各项事务中学生的主体价值及尊严，以此培养广大学生的民主法制意识，真正实现学生的自我教育、自我管理、自我服务。

2. 强化党支部建设， 成功发挥党员带头作用

《中国共产党普通高等学校基层组织工作条例》中明确提出，"大学生的党支部委员会要成为引领大学生刻苦学习、团结进步、健康成长的班级核心。"在学生党员建设及发展中，必须明确党员自身学习态度，制定具体的学习目标及任务，以显著提升学生党员综合素养。必须要坚持民主集中制原则，在党组织内部坚持自主自立，学会自我反省，定期进行批评和自我批评。毛泽东同志曾经提出，批评和自我批评的方法就是自我教育的基本方法。广大学生党员也应该积极参与到班级管理、年级活动及学校事务中，依照党组织要求，支持党组织和团组织各项工作的开展，维护和谐校园，对学生全面发展及成长奉献力量。

3. 强化班级民主建设， 建构民主和谐集体

在学校教育中，班级是一个基本组成单位，同时也能够为学校各项教育

及管理工作的开展提供保障。在班级中建构民主和谐的班集体，有助于促进学生的长期健康发展，同时也有助于建构良好的校风，推动和谐校园的建设及推广。毛泽东同志曾经在《关于正确处理人民内部矛盾的问题》中提出："用民主的方法解决人民内部矛盾。"这一方法也可以应用在现代高校学生内部教育及管理中。建构民主和谐的班集体，必须要在班级中营造公正公平、互帮互助、和谐相处的环境。如果班级建设中没有或缺乏民主性，也就无法建构和谐班级。依照当前教育和管理发展新现状，建构"三自"育人体系，在学校和班级中形成民主的育人环境，为学生学习和生活提供温馨环境，实现对自我教育、自我管理及自我服务功能的充分应用，积极引导广大学生能够在自主过程中做到自我求知及自我成长。在班干部选拔中，注重采用民主方式，提升广大学生的竞争意识。在班级中注重培养学生的主人翁意识，实现自主管理，以此为广大学生建构民主和谐的生活环境。建构和谐的育人环境，促进学生的自主管理及发展，让学生成为班级的真正主人。在班级相关事务开展中，积极采用民主决策、自主监督方式，形成自主和谐的班风，实现师生之间和学生之间的平等和谐相处，例如在班级中可以用建构自我教育园地、自我服务专栏等形式，通过和谐关系对学生起到熏陶作用，为提升学生行为规范建构科学制度，班干部管理中注重实现人的团结，借助民主方法凝聚班级力量。

4. 强化团学和社团建设，体现学生干部作用

在学校管理中，"三自"育人存在有显著的主体教育特点，必须要建立在集体环境中。在此过程中，必须要充分发挥学校各组织的作用，例如党委、学生会及社团组织等，均需要强化自身建设，发挥各组织成员在"自我教育、自我管理、自我服务"中的纽带作用，建构良好的互动教育机制。在学校团、学及社团组织建设中，首先要建构完善的规章制度，实现在各项教育及管理工作开展中，真正做到有章可循；其次要强化民主建设，在学校各项工作开展中，保证团、学及社团组织的参与作用，真正实现学校教育及管理工作的民主化及科学化；最后还需要建构完善的团代会、学代会制度，在学校内定期召开学生代表座谈会，及时搜集和处理对学生的建议，学校中实现阳光管理，乐于接受学生的建议，积极接受学生对于学校各项工作的监督，

实现工作透明化管理。

在学生干部选拔中，第一要制定具体的选拔标准，选取作风民主、在学生群体中具有一定影响力的学生为干部，以能够保障学生"三自"育人的有效落实；第二要实现对学生干部的集中培训，加强干部的业务能力培训及思想素养培育，提升学生干部的业务能力及综合素养，培育干部责任意识及使命感；第三要积极开展多样的社会实践活动，开阔学生的视野，加强锻炼，提升学生的实践能力；第四要强化交流，在各个学校交流中可以采用"走出去请进来"的方式，实现不同学校骨干的相互沟通、相互学习、共同成长；第五要推行"推优"制度，提高各项工作在学生之间的吸引力，在学生骨干培养中一定要严格遵循各项制度，定期考核，并积极推荐优秀分子。另外，在管理中也要学会放手，制定具体的激励考核制度，对学生起到鼓励作用，提升学生干部在"自我教育、自我管理、自我服务"工作中的参与积极性，努力创造工作业绩。

5. 完善制度建设，发挥 "三自" 育人的引导作用

"三自"育人工作在实施过程中，要从正面实施激励，属于针对学生主体实践的一种养成教育。在对主体需求满足基础上，广大学生能够感受到教育和管理。基于此，要建构对应引导机制，在高校学生日常生活及学习中均全面贯彻实施"三自"育人工作。无规矩不成方圆。虽然在高校学生教育及发展中，应注重实现自我教育、自我管理及自我服务，但是也需要学校制定相应管理策略，实现对学生的教育及管理，学校管理和自我管理相结合，建构"三自"育人引导、管理及监督制度，实现对学生言行的规范化管理，更有助于提升管理质量。各项规章制度的建构，能够引导学生在"三自"育人工作中做到有章可循、按章办事。针对这一需求，学校各部门应积极努力共同参与，建构完善的"三自"育人管理体系，并注重充分发挥学生主体作用。在学校管理中，可以建立学习榜样，对学生起激励作用，让学生在榜样引导下做到行为规范、思想积极及行有楷模。在正面引导及反思批评的结合应用下，为广大学生树立奋斗目标及努力方向。在自身学习及和他人对比过程中，能够充分认识到自身存在的不足，对比自身和榜样之间的距离，实现对自身能力及素质的客观评价，提升自身奋斗积极性，并积极参与到"三

自"育人工作中去，提升工作效率，在"三自"育人工作中主动接受教育，树立自信心及自尊心，培养独立意识。

综合分析，在学生及管理中，只有充分发挥自我教育、自我管理及自我服务作用，才能够积极引导广大学生学习自我思考和规划人生，独立处理生活中的问题。同时在学校教育管理和"三自"育人工作结合过程中，也能够有效实现全员育人、全方位育人及全过程育人，逐渐提升学校的教育工作质量，提升管理实效性。针对学校教育及管理工作人员，也需要针对出现的新问题及时分析、及时处理，积极采用新方法实现对"三自"育人工作的创新，结合学生自身特点及学校发展现状，建构具有一定适应性的自我教育、自我管理、自我服务教育路径。

三、 勇担先锋责任

（一） 大学精神的先锋作用

在校园文化建设中，精神文化属于深层次文化，更是核心文化。随着国内外教育的发展，目前已经形成部分优秀大学理念及精神，可将其称为经典大学精神。它既是学校组织的精神内核，又是学校组织的行动指南，能够在高校发展和组织育人起到先锋作用。

在我国古代，对于"大学"一词的解释为"大人之学"或"大学问"。其中《大学》中曾经提出"大学之道，在明明德，在亲民，在止于至善。""大学"的主要目的是实现高尚品德的弘扬及发展，引导人们弃旧图新，实现个人道德及社会道德"善"的发展。英国教育学家纽曼对大学职能展开研究，提出具体职能为"传播和推广知识，而非扩展知识"。通才教育认为，大学需要吸纳人类相关的艺术、历史及科学等相关知识，针对各个学习给予合理的地位。德国教育学家提出大学的主要职能之一为科学研究，促进了大学理念的变革发展，并进一步提升了大学在社会上的地位。在大学中重点是实现"完人"培养，矫正大学教育研究中的工具性倾向，在大学教育中应该实现教学自由、学习自由、学术自由及研究自由。

蔡元培在北京大学中积极推崇"兼容并蓄""自由创新"的大学精神，倡导在大学中实现学术独立及学术自由。张伯苓曾经在南开大学中提出"允公允能，日新月异"的校训，其中的"公"为培养学生的爱国爱民公德；"能"为培养学生的社会服务能力。梅贻琦在清华大学建构"通识为本""教授治校"的教育理念，在工科教学中不但要合理实现技术化，同时也需要体现社会化及人文化，在教育教学中应该注重添加人文教育内容。我国当代教育家及广大学者在对传统大学精神研究和传承过程中提出的大学精神存在一定共同性，当然不同高校也有各自的特点。大学精神是教育行业发展中的宝贵文化资源，在高校校园文化建设中具有重要作用。

（二） 大学文化的先锋示范

每个高校在其发展过程中所形成的浓郁的大学文化，就是学校独特气质的体现，大学文化和学校发展历史、文化环境、地域环境及课程设置等密切相关。在部分高校中，校长气质对大学文化的形成也具有重要作用，具有重要贡献的学生也有一定影响作用。大学文化直接影响青年学生的成长，所以部分高校学生的性格和大学文化发展成熟密切相关。一些学生已经离开学校多年，但是求学时候的经历依旧记忆犹新。进入大学前的学生可以看成是一块铁，大学毕业后的学生也就炼成了钢。大学文化需要长期形成，是学校传统文化的重要组成部分。在大学传统中，大学文化是最为宝贵的，是一所学校的底蕴及生命力，能够对学校校风、学风及教风起到良好的稳定作用。

文化是无形的，必须在长时间积累及沉淀中才能够逐渐形成精神家园。历史影响大学校园文化的形成。因此在大学校园文化建设中，大学文化就是其人文环境的长期发展结果，不但对于学生具有引导作用，在整个社会发展中也有先锋作用。

（三） 学生党组织的先锋作用

1. 学生党支部的先锋作用

第一，发挥好模范带头作用，使学生群体在学生党组织的感召和带领下成长成才，充分发挥好学生党员"教育者"的作用。学生党员是学生的中坚力量，在大学生群体中有较高的威信，有一定的理论水平和较高的政治素质。他们可以及时将党的方针、政策和学校的有关重要精神、信息传达给学生，借助朋辈的力量取得良好效果，同时也能及时将学生的意见和要求反馈给学校，是党组织连接广大青年学生的桥梁和纽带。学生党支部要强化学生党员的服务意识和责任意识，成为高校教育中不可或缺的言传身教的"教育者"。

第二，提高学生党组织中学生党员在学习、各类活动竞赛中的参与率，起到示范作用。以党风带学风，作为学生党员，首先要以学业为主，端正学习态度、明确学习目标、掌握学习方法、遵守学习纪律、提高学习效果、努力学好专业知识和各项基本技能，积极参加科研活动，努力取得好的学习成绩和科研成果，在同学中起表率作用，从而把党员先进的优良传统展现出来，带动班级的学风建设。学生党员通过自己成才方面的示范作用带动其他同学共同营造积极向上、实事求是的良好学风，为自己今后的成长成才打好基础。

第三，学生党员要发挥引导教育作用，做好辅导员得力的思想政治教育助手，关心其他大学生，帮助他们提高人际交往能力。学生党员既是大学生思想政治教育的重要对象，从某种意义上讲，又是思想政治教育者，因为他们在受教育的同时，也在协助辅导员对其他同学进行思想政治教育。对于其他学生来说，学生党支部成员具有引领和导航的教育作用，而辅导员应该充分发挥好学生党支部这一服务作用，对学生党支部干部要着重加强培养，以提高党支部学生干部的政治思想素质及觉悟。

2. 促进学生党组织党支部的先锋作用发挥策略

第一，优化组织配置。党组织设置与党员特色相融合，优化现有基层学生党支部，发挥社团优势。学生党支部的优化调整，能够给学生党建工作带来新的活力，全面提高服务学生成长成才的服务能力。教师也要在其中加强宏观调控和指导，有计划、有步骤地进行优化调整，保证学生党支部工作的稳步推进。

第二，加强内部建设。首先，强化思想建设，充分发挥党建教育平台的助推作用。推进党的理论"三进"（进教材、进课堂、进头脑）工作，开展各类主题教育实践活动。应保证党支部内部活动开展形式及内容的多样性和丰富性，充分认识新形势下加强基层学生党支部建设的重要性，以服务学生为出发点和落脚点，规范党支部活动，加强党员队伍建设，创新工作机制，着力推进学习型、服务型、创新型学生基层党支部建设，不断提高学生党组织引领发展、服务学生的水平。其次，充分发挥学生党支部战斗堡垒作用。规范学生党组织生活制度，落实"三会一课"基本制度；进一步加强学生党支部书记队伍建设，拓宽党支部书记工作思路；切实围绕创建服务型学生党组织开展支部活动，使之有针对性、有吸引力，增强党员责任感和自豪感。再次，强化作风建设，建立党员责任区、党员示范岗、党员帮扶岗，充分发挥学生党员的先锋模范作用。学生党支部通过自身建设，可真正起到"引领学生思潮""优化学风建设""指导学生工作""丰富大学生生活"的作用，通过引领思想、学习、工作和生活，不但真正落实学生党支部建设的主要任务，而且做到学生党员与广大学生共同进步，服务学生，从而促进班级、年级乃至学院和学校的科学发展。

第三，建立考评体系。在全面从严治党视域下，端正学生入党动机、加强理想信念教育、强化先锋模范作用是学生党员质量保障体系的核心要素。构建理论素养、组织生活、模范作用、群众基础、创新引领的学生党员质量保障体系，对学生党员进行全面、全过程、全方位评价，将能为高校学生党员质量提供有力保障。习近平总书记在党的群众路线教育实践活动工作会议上指出："人心向背关系党的生死存亡。党只有始终与人民心连心、同呼吸、共命运，始终依靠人民推动历史前进，才能做到坚如磐石。"

以"内化于心，用先进理论影响人；外化于形，用支部活动感染人；实化于行，用社会实践教育人"的理念，发挥高校的学生党支部的成长成才作用，才会不负众望。

（四） 团学组织的先锋作用

推进学生党组织、团组织和学生会、班级的协同工作机制，发挥学生组织的合力先锋作用，坚持党建带团建促班建整体规划，部署、推动、管理，推行一体化运行机制，试点实行交叉任职、定期沟通汇报、重大活动共同策化实施。

发挥社团组织先锋作用，提升学生综合素养。学生社团往往以兴趣为着眼点，包含思想理论、学术研究、文化体育、志愿服务、社会实践、国际交际等类别，在凝聚青年、服务青年、培养家国情怀等方面，促进实践发挥重要作用，同时承载着"三自"的育人使命。

发挥学生生活园区团学组织的先锋作用。据调查，大学生每天约有三分之二的时间是在公寓中度过的，生活园区是学生学习生活与交流的重要场所，如何发挥生活园区组织育人功能、发挥生活园区团学组织的先锋作用，是高校面临的重要课题。面对新的挑战，浙江财经大学在学生生活园区积极探索集"思想政治教育、学生发展指导、学生事务管理、党团组织建设、社团文化活动"于一体，以公寓为主要阵地，以寝室为基本单位，以党团组织为核心，依托生活园区思想教育中心、发展指导中心、学生事务中心、社团活动中心，充分发挥学生组织的先锋作用，开展丰富生动的教育活动，帮助学生解决成长成才中遇到的实际问题，培养学生正确的世界观、人生观、价值观，进一步提高学生综合素质，努力践行"三全育人"理念，取得了很好的组织育人效果，值得推广与借鉴。

第六章　以爱为冕

——培育健康心态

　　经得起各种诱惑和烦恼的考验，才算达到了最完美的心灵健康。

——培根（英）

一、 心理育人环境

　　心理环境最早来源于格式塔心理学派的主要代表人物考夫卡和勒温的描述，他们认为，心理环境是"对人的心理事件发生实际影响的环境"，把环境或个人看作是一种整体的存在，任何具体的心理和行为事件都在这个整体的制约下发展和变化。同时，结合现代物理学有关"场"的各种概念，论述了以场理论为主体的心理环境概念。心理环境是一种意识环境，在认知及情感等心理维度上，对人的心理及行为有能动作用。校园心理环境，是指在政治、经济、文化、社会等因素的影响下，校园内直接或间接影响人的全面发展的环境因素的总和，包括校园内部的空间环境、人文环境等，也可以将其看成是校园环境中的硬件和软件的总和。

（一） 校园心理环境的基本特点

1. 潜隐性

　　心理环境本身不是独立的物质形态，更多表现为无形氛围、压力、精神或习惯等。心理环境虽然不能被直接看到，但是能够对人的认知产生直接影响，可以被感知、被体验。在当前流行时尚的社会下，人们可以第一时间发现和体验新出现的时尚事物，基于这一心理环境影响，人们之间相互效仿，也就促进了时尚的传播及发展。校园学生心理环境与之类似，虽然说人们无法直接看到积极向上的学习心理环境，但是在课堂上积极回答问题、事事争夺第一等行为的存在，使人们可以感受到积极向上心理环境的存在。

2. 弥散性

心理环境存在于人们周围的空间中，它对人的思想及行为具有直接影响，犹如周围的空气，人们往往能够在第一时间内感受到它的存在。心理环境无所不在，一直以氛围方式环绕在人们周围，直接作用于人的心理及行为。

3. 能动性

心理环境的能动性，可以直接体现在对人认知及情感的作用上，同样可以将其分别称为认知心理环境及情感心理环境。其中前者是人头脑中形成的定势性环境，是对客观事物感知、理解及记忆中所表现出来的认知结构。这一心理环境具有先入为主的定势作用，对人们的认知具有直接影响，之后遇到同类问题即会出现习惯性认知反应。后者是在主体心理时空中出现的一种心理体验形式，受到情绪及感情的综合影响，表现形式为内部心理感受及外部感情。在感情环境中，他人的感情能够对自身产生影响，同时自身的情感也会融入他人感情活动中，对他人情感进行分享及感受，出现同乐、同悲及同恨的情感体验，主动受到他人心理的影响，从这一点可以看出心理环境的能动性。心理环境一旦形成，就会存在相对稳定性，但是也会出现一定变化，在客观物理环境变化中也会引发人们出现不同心理反应，从而产生新的心理环境，即为再次对人的思想及行为造成影响。

（二）心理环境的育人功能

1. 动力功能

优良的心理环境，能够对人的行为直接产生动力效能，激发人们的激情及斗志，促进人们积极参与到实践活动中。和谐的心理环境下，团体工作效率和个人工作效率相比明显偏高。社会心理学研究发现，群体助长作用主要表现方式为从众效应、结伴效应及竞赛效应。如果人们是处于竞争环境下，或者是有他人存在，通常能够激发人们的竞争意识及自我表现欲望，因此可以显著提升人们的工作质量。另外，良好心理环境也能够对学习及工作兴趣起到同化作用，或者引发竞争效应或从众效应，即能够直接产生行动动力。

2. 感染功能

在心理环境中，人们通常会有积极的情感体验，能够让人们感觉周围事物非常美好，非常具有欣赏价值，似乎所有事物都披上了乐观的情绪。反之，如果是在忧愁的消极心理环境中，会导致人们产生消极情绪，世界变小了，四周事物都充满了敌意，自身出现一定的抗拒心理。在心理环境中产生的感染作用，可以是人与物或人与人之间的，在群体中，喜怒哀乐的情绪均会蔓延。

3. 制约功能

制约功能可以分为两方面：第一是制约人们的生理健康，第二是制约人们的工作效能。优良的心理环境能够对人产生积极的影响，促进机体循环。在应激和焦虑状态下，人们的身体一般会被激发出最大的能量来适应压力，长此以往会对人体的健康造成不良影响。

（三）校园优良心理环境的建构策略

1. 重视组织心理环境

在建构校园心理环境中，不同组织要充分发挥和应用自身的导向作用，建构科学合理的组织秩序与良好的人际关系，有效掌控学校舆论发展方向，为积极的校园心理环境的创建奠定基础。在各个组织中，党组织具有核心作用，有强大的心理影响力。良好的干部作风就像是一道无形的命令，也能够起到一定的示范作用，在师生之中形成一定的凝聚力和向心力，共同努力改善及发展校园心理环境。

2. 优化校园物质环境

在社会心理学研究中，人类心理在受到特定环境影响下，就会不自觉地受到相应的暗示及感染，对于周围出现的观念及思想产生认同，在此过程中逐渐形成个人个性心理特点，无形之中会受到周围环境的影响。物质环境属于隐性教育资源，在校园环境建设中，优美整洁的环境，能够对广大师生起到熏陶作用，激起广大师生的生活激情，在此过程中逐渐形成高尚的审美情趣。

在对校园物质环境美化过程中，必须要建立育人理念，对校园建筑布局要有合理的规划设计，在校园中形成积极向上、净化心灵的良好氛围，培养健康向上的心理氛围，培育良好的思想道德。

高校内优秀的建筑是人文环境与物质环境的高度协调统一，校园建筑不仅为师生提供了重要的环境保障，还具有隐性课程的功能，因此，高校应该对建筑文化与校园文化融合进行充分的考虑，将院校的内在文化融入建筑设施中。推动校园物质文化建设，营造良好的校园文化建设平台，建构优秀的育人环境。

3. 建构良好的文化环境

物质环境属于是有形因素，能够直接被感知、被体验。文化环境则属于无形因素，但是依然能够被体验。在文化环境中，文明健康、积极向上的氛围，在潜移默化的过程中均能对广大师生的思想观念、道德情操及行为思维等产生一定影响。

因此，在高校高质量人才培养过程中，一定要强化校园的文化环境建设，在学校中建设文明健康、积极向上的文化环境，并促使其成为学校的主流文化思想，发挥其应用价值。首先，要完善文化场所建设，配备齐全相关设置。在高校校园建设中，注重文化设施建设，合理规划体育场、图书馆等相关设施，对于学校各项文化活动的开展提供相应的场地及条件。其次，注重形成生动活泼的文化氛围。可以在校园中建设文化长廊，教室楼道中张贴名人字画等；也可以加大对校园广播及网站等载体的应用，定期播放名人语录等；在校园中形成浓厚的文化氛围，净化广大师生的心灵，陶冶情操。最后，加强开展文化活动。在校园中可以定期或不定期开展健康文化活动，吸引广大学生积极参与，在对校园文化丰富的基础上，也可以有效减少不良文化的影响。

4. 强化民主管理环境

管理模式对于心理环境具有直接影响作用，在管理中注重体现民主性及和谐性，可以为学生的成长提供轻松的心理环境，如果管理过于刻板和刚性，则容易导致学生产生压抑情绪。

民主管理环境创设中，要注重以人为本、科学发展，实现对管理方式的改进应用，提升管理中的创造力及参与积极性，提升人才培养质量；加大对和谐管理理念的应用，建构教学、管理及服务等多方面联动机制，在校园中形成浓厚的学习氛围，保障学校各种工作井然有序地开展，培养高质量人才；加强应用民主管理理念，积极引导广大师生参与到学校各项管理规定中，提升师生对学校发展目标及任务的了解，以能够自觉将学校发展目标转变为每个学生和教师的任务，对学校师生产生引导及激励作用。

二、 走进内心深处

教育模式是人们在长期教育实践过程中形成的教育策略集合体系，存在着一定的规范性。积极的心理学研究发现，关注和培养积极的心理品质，可以促进个体身心健康发展，有效预防心理危机发生，提升生活满意度和幸福感。构建"积极向上"的心理健康教育体系是当前的必然选择。在高校积极心理健康教育中，需要明确心理教育目标、内容、方法等，用积极的学生观、问题观、目标观和方法观，提高心理健康教育质量，真正走到学生内心深处，培养广大学生的健康、积极向上的心理。

（一） 高校学生积极心理健康教育目标

在高校中，实施积极心理健康教育并不是否定传统的心理健康教育，而是用辩证发展的眼光明确其存在的优势及劣势，矫正其不足，实现对传统心理健康教育的发展及补充。教育部曾经在 2001 年针对高校学生心理教育状况颁布了《关于加强普通高等学校大学生心理健康教育工作的意见》，制定了高校心理健康教育的总体目标。2017 年 12 月 6 日发布的《高校思想政治工作质量提升工程实施纲要》中提出，要构建心理育人质量提升体系，大力促进心理育人。积极心理健康教育与这一目标相结合，可进一步强化对学生积极心理的培养，提升学生的社会适应能力，并能够结合学生实际情况预防学生的心理问题，挖掘其自身潜能，从而为我国社会发展提供具有较强心理素质的综合性人才。

1. 加强学生积极理念的培养

"积极"意为"正向"或"主动"。高校在开展积极心理健康教育过程中，可以引导学生形成积极理念，保持积极态度看待和认识每一个事物，消除日常生活和学习中的悲观和消极因素。在培养积极理念的过程中，引导广大学生树立正确的人生观、价值观和世界观。世界观和人生观对人的心理及行为具有直接影响，应始终保持积极心态面对社会上的各种压力。对于高校学生而言，只有具备正确的人生观，才能够保持对生活的激情，保持积极向上的生活态度，从容面对生活中出现的各种困难和挫折，及时调整自己的不良情绪，保持理智。高校积极心理健康教育的开展，能够有效培养广大学生的积极理念，提升学生的主观幸福感及生活满意度，保持自信，管理情绪，积极应对生活中出现的问题，自尊自爱，始终保持积极乐观的生活态度。

2. 培养学生积极的心理品质

积极的心理品质即具有持久性的积极情绪或体验。在高校学生成长及发展进程中，积极的心理品质主要表现在对世界、周围人的态度及学习生活中所表现出来的智慧和情感元素，对于高校学生生活和人生具有重要的引导作用。在高校学生积极心理健康教育中，可以借鉴和应用积极心理学思想和理念。塞里格曼曾经在《积极心理学导论》中提出，积极心理学即为引导人们以乐观心态面对生活中的消极情绪，笑着面对生活中的不幸，以积极心态走到最后。高校学生的积极心理品质包括美的感受、爱心、客观、勇气及希望等，这些均能够让学生对未来充满希望，提高学生的心理抗压能力，积极处理遇到的生活问题及困难，预防各种心理问题和心理疾病。高校在心理健康教育中，应该将其作为教育目标，在教育及培育过程中促进学生健康心理的发展，积极传播正能量，促进学校、家庭及社会的美好发展。因此，在当前高校学生积极心理健康教育中，需要加强学生的积极心理品质培养，促进学生健康成长。

3. 培养学生的社会适应性

"适应"最早出现在生物学术语中，《辞海》对其的解释为："随着自然的发展，竞争是必然会存在的，而适应也是在竞争过程中所产生的。"适应性即为在外界环境变化下，生物体为能够生存对自身特性或生活方式的改变的能力。基于当前社会发展及需求变化环境，高校学生应适应社会环境主动改变和调整自己，以客观态度应对生活，提升自身应对社会的能力。高校学生如果可以保持乐观的态度，就能够以足够的自信心面对社会压力，解决生活中的各种问题。在学习和生活中遇到困难的时候，学生也能够积极主动地实施自我调节，在困难面前不退缩，从容面对。在当前社会环境下，竞争压力比较大，发展速度非常快，高校学生只有具备一定的社会适应能力，才可以在不同环境中主动适应，积极尝试与改变，面对新环境和新事物，也能够从容不迫，始终保持乐观的态度追求自己的人生价值。

4. 加强预防学生心理问题

分析高校学生心理健康教育发现，两者最为明显的差异是积极心理健康教育能够为学生心理问题起到良好的预防作用。当前在高校学生心理健康教育中，大部分将重点放在心理问题的治疗上，主要是针对已经出现心理问题但不愿治疗的人群。积极预防教育的重点为提升学生的预防能力，并不是克服弱点。积极预防能够帮助学生形成积极的人格和心理品质，对于各种心理问题和心理疾病的发生可以起到预防和缓解作用。强化高校学生的积极品质，能够有效预防心理疾病的发生。在心理问题积极预防中，需要提高对高校学生的关注，充分尊重学生，在对其实际心理现状了解的基础上，制定相应的改善措施，从本质上对高校学生心理问题起到预防作用，取得"治病除根"的效果。

5. 加强学生职业心理教育

（1）相互借鉴教学方法与形式。当前社会对高校生心理健康的关注程度不断提高，富有鲜明学科特点的高校心理健康教育形式逐渐被学生接受，并受到学生的高度欢迎。心理健康教学中，教师应结合心理活动、课堂研讨与案例教学，并积极采用现代化的教学手段进行辅助教学，创新具有特色的体验式教学形式，从而提高课堂教学的效果。同时，不断完善高校的特色课外辅助措施，积极在学校范围内开展心理咨询与辅导活动，为学生心理状态的调整提供帮助。目前，高校学生的职业规划教育在教学形式上沿用高校心理健康教育教学的形式，已经获得了较好的效果。这主要是因为两者在教育内容与教学目标方面的统一性较强。通过职业心理教育，让学生科学认识自身的职业能力；通过职业能力辅导，不断提升学生的职业能力。

（2）教学目标融合教学内容。我国的职业规划教育起步较晚，目前仍处于初级阶段，职业生涯规划教育工作上存在较多的不足，例如，缺乏统一的教学目标。但由于当前的职业规划教育有一个共同的核心思想，即引导高校的学生在学习期间不断增强对自身的了解和认识，帮助和指导学生对自身的职业目标做出正确和深入的了解，为职业目标的实现选择适当的方法和道路。同时，指导学生及时进行相关的信息反馈，不断调整自身的目标。因而，职业生涯规划教育依然对学生的职业规划和选择有积极的作用。在职业生涯规划教育的过程中，高校的学生需要不断加强自我认知，对自己的能力、兴趣做出理性、客观的评价。根据职业规划教学目标，将教学的内容划分为自我认知、职业探知、职业能力及职业决策技术等内容。高校的心理健康教育也应当适当转变，从预防性教育转变成发展性教育，不断开发学生的潜能、培养学生良好的心理素质。同时，将学生的自我认识与自我规划结合起来，发挥两者在学生成长过程中的优势作用，促进学生健全人格的培养，为学生个性的发展创造良好的条件。通过正确有效的心理健康教育培养学生积极面对生活的态度，培养学生敢于挑战的良好品质。根据心理健康教育的目标，分别从以下几方面开展心理健康教育：加强对心理知识的学习、提高心理适应能力；学习情绪管理与控制的方法和技巧；营造良好的人际关系；不断进行自我发现和自我探索；努力健全人格。通过对比心理健康教育目标与职业规划教育目标发现，两者存在相同的部分。

（二）高校学生积极心理健康教育内容

1. 增强学生积极的情绪体验

在积极心理学研究中，积极向上的情绪体验是重要内容之一，同时也是高校学生积极心理健康教育的重点。积极向上的情绪体验即对未来生活报以乐观态度的实际心理情况。在人类情绪中，高兴、自豪、满足及兴趣等均能够产生一定的愉悦心理，有助于消除消极情绪，也能够使人们长期处于积极情绪中。积极情绪体验能够对人类起到一定的保护作用，也可以保障心理健康。积极情绪体验具有一定的延续效应，对一种积极情绪有感受的人，通常也能够在短时间内感受到其他积极情绪，从而感受到生活和社会中的各种幸福。

高校学生积极心理健康教育的重点是培养学生的积极情绪体验及心理状态，有助于提高学生体力、智力及社会各方面的协调性，对高校学生积极力量的培养起到"防患于未然"的效果。另外，积极情绪体验也有助于提升学生的积极情感体验，挖掘潜力，能够感受到成功带来的喜悦之情，在高校学生积极向上的力量培养过程中，自我发掘及自我欣赏是重要的方式。

2. 培养学生积极的人格特质

积极心理健康教育研究提出，任何个体的人格均存在两面性，其中一面是积极向上，比如快乐、喜悦、爱、平和等；另一面为悲观消极，比如恐惧、压抑、生气、悲伤等。如果一个人的积极向上情绪占据上风，具有主导作用。在高校学生积极心理健康教育中，培养广大学生的积极向上品质是重要目标之一。因此，不但要培养广大学生自尊自爱、热爱生活的积极情绪，还需要引导学生明确自身不足，并积极完善；在高校学生积极心理健康教育中，培养学生的积极人格是其重要组成内容，不但要引导学生应用自身优势面对生活中的困难，并将其贯彻到实际生活中，而且要学会面对困境时合理处理事情，从容面对生活。

积极的人格即在生活中始终保持积极向上的态度、创造性能力及积极力量等。积极向上的人格能够激发积极向上的情绪，不断完善自身，也能够有效挖掘高校学生的潜能，培养广大学生的创新性思维，从而提升学生对自身优势的认识，建构自信心。

3. 营造积极健康的校园心理氛围

在高校学生积极心理健康教育过程中引导学生基于社会环境进行情绪感知，重视积极向上的社会环境对人的心理的影响。学生在成长及发展过程中，社会环境对其情绪体验及积极心理品质的形成具有重要影响作用，人的情绪在社会环境中的适应性，就是一种积极向上力量的表现形式。因此，在高校学生心理教育过程中，需要强化校园文化建设，在校园中开展促进学生身心健康发展的活动，提高学生对校园生活的满意度，对学生积极向上的品质起到一定的促进作用，确保高校学生心理的健康发展；在校园中开展各种社团活动，为具有相同兴趣的学生提供交流平台；在对高校学生积极心理品质培养过程中，提高图书馆和展览馆等的服务质量，定期开展一些专业培训活动或咨询服务活动，对高校学生出现的心理问题及时疏导和处理；在广播站、校园网、电视台等传媒技术的应用下，为广大学生建构积极向上的校园环境，引导学生感受积极向上的氛围，以此逐渐培养广大学生积极向上的人格品质。

（三） 高校学生积极心理的培养方式

1. 开展课程教育与活动

在高校学生积极心理健康教育过程中，可以设置相应的课程，包括活动课程、学科课程及融合性课程等。在学科课程中，主要是基于"知"的层面促进高校学生积极心理的形成，正确引导其心理意识发展，使学生掌握一定的心理卫生知识，并学会在实际中应用积极心理学知识调整自己的情绪，确保心理平衡。在学校中积极开展多元化活动课程，结合学生实际心理需求，选择相应的积极心理学教学方法，有针对性地实施心理健康教育，促进学生的心态发展。

活动课程主要是为了满足学生的心理需求及心理兴趣，注重提升学生的参与积极性，给学生带来更直观的感受，实现与学生日常生活及心理特点的紧密结合，以此起到引导学生积极向上发展的目的。融合性课程的设置，重点是针对学生开展积极向上心理教育训练活动、积极心理自助及指导等活动。另外在课外活动中也可以强化积极心理学健康教育的渗透及贯彻，提升学生的社会适应能力，培养学生的积极心态，以此培养其积极心理素质。

2. 积极心理预防及测量

高校学生积极心理预防即帮助高校学生形成积极向上的主观意识，以防不良心理引发危险性事件，能够实现对高校学生勇气、坚韧及乐观等积极人格力量的培养，强化预防心理问题的出现。强化学生积极心理预防意识的培养，可以采用以下措施：在校园内定期或不定期开展积极心理知识讲座，或者进行积极心理健康预防宣传活动等，直接向学生传递正向心理信息，引导学生采用科学方法对自己的不良情绪进行调节，形成一定的积极心理预防意识，正确对待在成长中可能会出现的心理问题，形成防范心理。

心理测量则为采用相应的技术手段及方法，及时对高校学生的心理现状进行了解，为学生的心理健康教育提供研究资料。积极心理测量的重点是针对高校学生主观幸福感及人格力量进行测量。其中在测量学生主观幸福感的过程中，分析学生的生活满意度、愉快情绪的体验现状等，以此了解高校学生对于当前生活的满意度，在积极心理健康教育过程中结合测量结果对其指导，引导学生在日常生活中保持乐观的心态，学会发现生活中的美、感受生活中的美，面对生活中的问题积极主动去处理。人格力量的测量主要是实现对高校学生的思想、情感及行为中的坚持不懈、和善及勇敢等积极人格特质测量分析，能够依照测量结果合理调整其教育内容及方法等，优化调整学生积极心理健康教育方法，更为有效地培养广大学生的积极心理品质。

3. 积极心理疏导与干预

"疏导"一词是"疏"和"导"的组合，有"疏通"和"引导"之意。积极心理疏导是针对当前高校学生出现的心理和思想问题展开疏导，实现积极和疏导的结合，重点是在对学生心理及思想疏导过程中，加大对积极观念的应用，采用积极向上的语言实现对心理问题的解决和处理。这一方法在应用中，改善了传统心理疏导单纯注重处理心理问题的限制性，在对问题解决的同时也可以培养学生积极乐观的品质。在对高校学生实施积极心理疏导的过程中，疏导人员一定要建构积极理念，具备一定的积极人格品质及心态，在学生群体中起到榜样作用，以自己积极向上的心态感染学生，发挥自己的积极性，实现对问题的主动积极处理。

心理干预是针对主体心理活动、个体特征、行为问题等，采用心理学原理或理论，对其依照相应的处理步骤展开处理，以解决问题，实现预定目标。在积极心理干预中，主要有两方面内容：主动发掘问题本质；结合问题发展积极向上情绪，针对问题采用自身力量对其抗争。积极心理干预在应用中的重点是发掘学生本身的积极心理品质，比如强化学生的抗压能力，引导学生学习自我心理调整，提升学生的挫折抵御能力等，在干预过程中可以采用正面积极案例，给学生带来直观的感受及体验，以培养学生的积极心理。在这一干预模式下，能够让学生在面对困难、挫折等心理压力的时候，也能够保持积极心态，不会被打败，以积极的方式解决问题。

三、 培育健康心态

（一） 促进高校学生健康人格的形成

目前关于校园心理环境构成要素的分析，容易导致对高校学生人格发展中的动态影响因素产生混淆。这主要是因为校园心理环境本身较为复杂，受多种因素的影响，共同对人格发展产生影响作用，同时在其作用中，部分环境因素对于人格的影响和内部环境因素相比，存在一定的指导性及外显特点，还存在一定的隐性引导作用。费孝通先生曾经在《乡土中国》中对我国乡土社会人伦关系描述过程中采用"差序格局"譬喻方法展开分析。在对校园心理环境研究中，也可以将其看成是一个动态系统，对高校学生人格发展产生影响的过程中，内部因素的排列顺序即为差序格局。依照不同因素对于学生人格发展影响作用差异进行排列。针对校园心理环境，可以将其分成三个梯度，分别为核心层、次核心层及外围层，不同梯度中的不同构成要素组合排列，对于学生人格发展影响作用也存在差异。在对校园心理环境内部构成要素分析中，需要认识到其对学生人格发展的影响。其中对于学生人格发展影响作用最显著的是校园心理环境核心层，主要是校园人格教育对于学生人格发展直接、主动的影响因素，对高校学生人格健康发展具有重要影响作用；次核心层则主要为校园风气、校容校貌及校园活动等，均对高校学生人格发展具有间接的积极影响作用，通常是在学生通过自我体验、自我调节及自我评价过程中，能够起到一定的互动机制，影响自身的人格发展；外围层主要包括校园网、校园媒体等，对于学生人格自我完善具有间接影响作用，对核心层及次核心层心理环境的优良性具有直接影响，因此在高校学生人格发展进程中也具有一定的价值。校园心理环境的构成要素见图6-1。

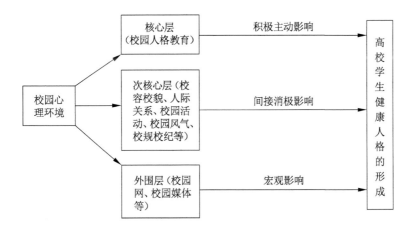

图 6-1　校园心理环境构成要素

1. 发挥校园心理环境核心层育人功能

在校园心理环境中，核心层对于高校学生健康人格的形成具有积极主动影响作用，两者之间为直接影响关系，内部每个要素均积极影响学生健康人格的形成，在高校学生健康人格形成中具有直接关联的学校因素均包含其中。人格教育是一种新的教育理念，当前还没有对"什么是人格教育"的统一理解，学者们所提出的认识中，最为典型的是"人格教育是注重关于受教育者心理品质培养及发展的教育"，主要是引导受教育者逐渐完善人格，综合协调知、情及意，帮助受教育者建构完善的心理结构。在人格教育研究中，如果从个人发展及社会发展视域分析，那么其重点对人的健全人格进行培养是对个体的自我塑造教育，是结合现代社会需求的一种教育方式。

虽然以上不同观点在表述中存在一定差异，但是在人格教育价值取向中基本一致。关注的重点均为各个受教育者的身心全面发展，但是想要实现这一目的，就需要提升对每一个受教育者的人格塑造，培养其健康人格。由此可见，人格教育的重点是促进学生的整体心理发展，促进学生人格的全面和谐发展。人格教育对学生人格发展的关注，主要是挖掘学生潜能，在社会环境下自我完善，不断创新人生价值，也能够引导学生采用各种方法了解自己的内心世界，对于所处环境坚持以客观的态度全面分析，让学生能够实现对自我价值及人生意义的把握，自己处理问题，培养其独立自主的健康人格。

结合我国高校学生的人格特点，想要实现学生人格的健康发展，主要从社会责任教育、自我意识教育、情绪管理教育、意志训练教育、社交和谐教育等方面着手。社会责任教育，培养人的社会责任感是基本要求，责任意识即人们关于责任的主观认识及判断。人在社会中将自身所承担责任认识转变为自觉意识后，也就可以将其作为自身成长中的人生责任要求，也就是责任感。自我意识教育，自我意识能够直接制约和影响高校学生的心理及相关行为，甚至可以将其看成是个体行为特点差异的决定因素。在人格结构中，自我意识的作用显著，可直接决定人们的自我人格塑造及发展。意志训练教育，在教育过程中主要为说理及实践，引导学生充分认识自身成长中意志的重要性，分辨自身意志的优缺点，在此过程中培养学生的自我批评及调控能力，并逐渐引导学生养成持久的行为品格。情绪管理教育，重点是引导学生了解情绪的发生、发展基本规律特点，在疏导及实践过程中让学生掌握一定的情绪调控方法，始终保持乐观情绪，逐渐提升自己的情绪反应能力及抗干扰能力。社交和谐教育，通过校内外不同类型活动的组织及开展，培养学生的人际交往能力，在让学生认识到人的本质及社会化生产特点，认识到社交能力的重要性，并掌握相应的社交方法，不但要实现和人的相互协作，同时也要学会对个人和集体关系和谐处理，以实现和他人的和谐相处。学校人格教育课程的开展，重点是针对青少年开展传统人格价值引导，培养青少年的健康人格，满足社会的人格需求，促进青少年人格的逐渐完善及发展。

学校人格教育课程设置中，总体包括三类：学科性人格教育课、活动性人格教育课和隐性人格教育课。学科性人格教育课，即学校开展的正规课程，将与人格有关的知识、价值等直接传递给受教育者，实现对其健康人格的培养。在直接传递心理价值知识过程中，培养受教育者明辨是非、知善恶的能力，从而主动选择正确的思想观念，形成正确的人生观和价值观等，逐渐完善自身的人格。比如在高校教学中设置的大学生心理健康课程，主要是引导学生了解心理健康基础知识。另外，在教学过程中也可以培养学生的人格，比如将中华民族优秀传统文化价值观、风俗、奋斗历史等因素融入语文教学，可以引导广大学生了解我国传统文化，并汲取其中蕴含的仁义、礼让及公德心等正确价值观，从而促进学生健康成长；也可以在历史课堂上讨论历史上的英雄和政治家。活动性人格教育课，也称为"经验课程""生活课程"，即采用情景设置、讨论理解及角色扮演等方式，引导学生了解更多的材料，深入部分活动场景和心理环境，对不同人物的理想及情感进行体验感受，以此了解主体人和客观环境之间相互协作发展的相关性，培养学生的健康人格。隐性人格教育课，主要是在学校情境中对学生的人格发展采用间接隐性的方式进行影响。对高校学生来讲，这是一种没有计划没有规律的学习活动。学生在学校期间能够通过学校教育环境学习其中所蕴含的非学术性知识，从而完成自身的人格培养。以上三种人格教育课程，均有助于完善当代高校学生的人格要素。其中前两类课程具有显性特点：学科性人格教育课让学生获取自我选择和自我调节的知识；活动性人格教育课能够为学生提供实践的体验，培养学生的道德素养，逐渐形成自身的人格外部特征。

总之，在现代社会环境下，高校学生处在身心健康发展的重要阶段，学校中具有对学生人格健康发展的重要影响因素，大部分都是对学生人格发展具有直接作用的要素，直接对高校学生人格不同要素质量具有影响，更为直接的影响是对学生自我意识发展及观念形成的影响，进而对学生的行为方式产生一定的影响。

2. 发挥校园心理环境次核心层育人功能

校园心理环境次核心层对于高校学生健康人格的形成具有直接的作用，对其人格的形成和发展具有直接作用，然而与核心层相比，其表现形式及影响作用明显偏低。次核心层要素主要包括校容校貌、校园风气、校规校纪、校园活动、人际关系等。

校容校貌，是学校的物质景观，蕴含着学校发展进程中逐渐形成的历史文化、人文价值，具有极强的教育价值，在校园环境中像是默默无闻、独具风范的教师，对学生起到无声胜有声的熏陶效果，用自身的风骨感染着每一位学生。美丽、和谐的校园中，活力四射、生机盎然、独具特色的文化氛围，学生自然会积极主动地学习，同时还能够获取精神上的愉悦感。

校园风气，即学校广大师生在长期工作和学习中形成的具有一定稳定性、独具特色的行为倾向，能够综合体现学校心理环境个性特点。校园风气的形成需要长时间的积累及沉淀，优良的传统文化及特色，是这所学校区别于其他学校的重要一点。在学校中的良好风气，是非常具有传染力的"文化效应场"，能够成为学生的心理环境。在校园风气的影响下，学生能够实现自觉

"有序"的发展，或者不自觉向学校校风靠拢。学生长期生活在学校环境中，自然会受到校风的影响，从而在此过程中逐渐形成凝聚力及约束力，提升学生的主人翁意识，逐渐获取一定的荣誉感、认同感及自豪感，以及一定的鼓励支持，从而为健康人格的发展提供前提条件。国内外很多著名高校，在长期办学及发展进程中，逐渐形成具有自身特色的学风，影响了一代又一代学生，培养了一大批高质量人才。有人对诺贝尔奖获得者、教育家、经济学家等调查分析，发现在这一群人的背后存在一种精神力量，在智力中蕴含着一种爆发力，两者共同作用，激发了他们的创造力，从而取得显著成就。

校规校纪，是学校为广大师生行为规范制定的法令、行政等规章制度及道德准则，在建立中需要实现和学校价值观念及管理观念的结合。在学校管理中，校规校纪是客观存在的环境力量，对学校广大师生行为具有制约及规范作用，属于一种行为规范，不管采用他律方式还是自律方式，均存在强制性，使学校中的每一位成员均能够实现对自身行为的约束及规范。健康人格在发展过程中，均是从一开始的非自由必然，逐渐发展到之后的自由选择，转变过程中直接受到规范及管理的影响。高校学生正处于个性发展的重要阶段，这个阶段也是培养健康人格、学习社会规范的重要时期，因此在此过程中，必须要对广大学生实施正确引导及科学指导。各高校制定一系列规章制度，实现对学生的严格管理，不但能够保障学校文明建设及教学工作的有序展开，而且有助于为高校学生人格的完善及其健康发展提供保障。

校园活动，也就是广大学生主动参加的一系列科研活动、教学活动、实践活动及服务活动等相关课外活动。学生可以结合自身的兴趣及特长，自发组织相关团体或开展活动。在各项活动中，每个学生均能够依照自身特长及兴趣找到自己的位置，锻炼自身的组织能力、表达能力、交际能力、领导能力等，寻找自己在生活或学习中丧失的自信心。校园活动也能够帮助学生形成社会化及价值观认同，提升学生的人际关系协调能力，实现每个学生的社会心理需求及信息交换等。校园活动具有多样化特点，学生可以结合自身需求自主选择、自主参与，通过自身思想性格及价值观念最大化体现其个性，所以在校园中开展健康的校园活动，不但能够为广大学生健康人格的多样化发展提供条件，也能够促进学生个性的形成，发挥其特长，培养其自信心。与其他教育形式相比，校园活动的作用不可比拟。然而，部分高校在建设发展中，不够重视学校社团建设，没有及时给予有效的引导和帮助，导致学校的社团存在一定的"名利性"。部分学生将加入学生会看成是入党的"敲门砖"、评优评先的"梯子"。以上各种不良风气在学校学生社团中盛行，不但容易扭曲学生心理，严重的还能够对学生健康人格的形成造成不良影响。

　　校园人际关系，是基于学校特定群体提出相应的人际关系，即在校园中人与人之间的、存在一定稳定性的关系。它不但具有个体个性调节，而且能够满足情感需求。校园人际关系主要包括师生关系、朋辈关系等。其中师生关系是教学中最基础的关系，同时也是最重要的关系。在校园中建构良好的师生关系，能够为学生思想品德的形成产生促进作用，提升学生的学习成绩，强化学生的智力培养基础，在此基础上促进学生身心及个性的综合发展。师生交往过程中，如果教师具备良好的人格魅力，则能够对学生人格发展产生直接影响。在校园中具有一定社会权威或知识权威的教师，在学生群体中也能够起到良好的榜样作用。师生交往过程中，学生能够习得教师的成熟人格，逐渐改善自身存在的以自我为中心人格的发展限制，在此过程中学会自我反思、自我调整及自我评价，促进自身思想观念及行为的成熟发展，实现自身社会性人格的稳定性发展。同辈群体亚文化，即为同辈群体中所存在的价值观及行为方式存在共同点。同辈之间年龄相近、容易和谐相处、志趣相投，是一种非正式群体。这一群体对于学生来讲，不但能够满足自身兴趣、认同等需求，同时也能够满足游戏、安全及优异等需求，所以同辈群体对于高校学生价值观及行为发展也具有一定影响。基于心理学视域分析，高校学生群体之间存在有一种"同龄相往"的特点，在交往过程中也更倾向于和自己年龄相当的人群交流，彼此之间能够相互倾诉，在校园中依照每个人的爱好及情感需求所组织的非正式组织，能够对当前高校学生群体学生的需求有效满足。与正式组织相比，这一组织形式的出现通常是自发性的，单纯依靠彼此之间的情感及兴趣等共同点来维系，依靠个体之间的默契运行。非正式组织可以实现对高校学生交往能力及活动能力的锻炼和提升，为不同学生提供交流平台，满足各自的归属需求，为学生健康人格的形成产生良好的促进作用。

　　校园心理环境次核心的重点是由高校学生群体中相关信息互动的不同要素构成，能够为广大学生的自我意识形成及发展提供重要的选择素材。个体在对以上相关要素的选择过程中，能够实现不同要素的自由选择及组合，逐渐形成具有自身特色的观念及行为习惯，完善自身人格。

（二）提高校园心理环境的硬实力

高校是培养人才的摇篮，高校校园心理环境建设有助于有效促进人才培养的方方面面。所以在高校中想要提升人才培养质量，必须建设优良的校园心理环境，在校园中建构和谐的心理环境，对学生健康人格的形成起到良好引导作用。提高校园心理环境的硬实力主要是建设良好的物质心理环境。良好的物质心理环境在优良校园心理环境建构中具有一定系统性，因此需要科学设计，并对其合理规划设计，以显著提高校园心理环境质量。

良好的物质心理环境使广大师生在校园中不但可以感觉开阔、舒畅，同时也能够感受到学校治学的严谨性，在此环境中开拓进取、独立创新，体现出院校师生的行为规范及作风。在校园物质心理环境中，所有物质形成的环境均包含其中，例如道路、校舍建设、图书资料及科研设备等。在校园中，这些物质环境本身是环境文化的组成内容，具有"桃李不言"的特点，潜移默化中对学生起到感染及引导作用。因此，在高校校园的物质心理环境建设中，必须要融入一定的育人意识，让校园中的各个角落都能给师生带来美的享受，并给予心理教育价值，对学生起到净化心灵、陶冶情操的作用。教师在校园中是教育者，如果每一位教师都可以充分体现学校的精神文化，并给广大学生带来一定的文化熏陶，使其产生积极向上的心理感受，那么他就在校园中发挥了良好的育人价值。

基于以上分析，在校园物质心理环境建构中，可以从以下几方面着手：

第一，强化学校的人文环境建设。在校园中建构形成整洁优美的校园环境，能够给学校师生带来令人轻松愉快的美感，让人心旷神怡，一个生机勃勃、活力四射的氛围，更有助于提升大脑活力，激发创造力，并对学校产生自豪感及优越感。这样的环境有助于进一步提高工作和学习效率，对于健康人格的形成有促进作用。想要做好校园环境建设，一定要充分思考校园环境的整体性、多元化、开放性及现代化等，校园中的不同区域之间要相互独立，独具特色，同时又要相互映衬，为广大师生提供良好的工作和学习环境。人在不同的环境中所产生的感受也有直接差异，优美的环境更有助于引导学生积极求知、求美及求德，更容易激发学生创造思维。在校园文化景观建设规划中，注重实现寓情于教功能，无形之中起到教育感化作用。比如哈佛大学校园环境建设中的庭院、弗吉尼亚大学校园环境中的绿色景观、加利福尼亚大学伯克利分校的大广场等，都是校园环境建设中的典型之作。规划设计的校园景观能够成功实现与其他学校的区分，也能够给学校的广大师生带来一定的荣誉感及自豪感。另外，需要注意在优美校园环境建设中融入一定的文化元素，并将其外化为直观形象便于人们理解，让学生感受到文化的熏陶，进而形成健康的人格。在学校建筑设计中，可以适当地在造型设计上添加色彩，优化调整建筑比例、对称性及和谐性，形成一种外观美，给广大师生带来一定的亲切感，获取情感的充实。比如在清华大学有清华园、南开大学有周恩来雕像、北京大学有未名湖等，这些建筑的存在就是学校的象征，无论何时提起都能够引发学生的亲切感及自豪感。在学校物质文化环境建设中，"物质－空间"环境均能够起到无声教育的作用，让学生可以在不自觉中接受教育。所以曾经有人说，对于高校学生来讲，真正有价值的东西即为所处的生活环境。从另一个角度来看，真正能够学习到的东西即为学生自身的智力积极活动，而不是传统的在学校被动学习的知识。所以，在校园中建设具有丰富内涵的建筑，对于激发学生的爱校情怀具有重要作用，同时也能够激发学生积极进取。

第二，强化学校的硬件设施建设。在学校中，除了加强教学、科研、文体、生活等一系列硬件设施建设外，图书馆是师生的一个重要活动场地，同时也是知识的源泉，能够为教师的"教"和学生的"学"提供服务，也能够为学校的科研服务提供辅助性作用，在校园设施建设中也是一个重要组成部分。在校园物质心理环境建设中，图书馆是一个重要组成部分，蕴含着大学精神。宽敞明亮的阅览室能够给每一位在这里的学生带来一种无限惬意的感觉，书架上一排排的书籍都是知识的象征，图书馆的建设中应做到建筑外部造型各异，内部墨香扑鼻，为学生营造一个轻松自然的读书环境，促进其身心健康发展。强化学校的图书馆建设，首先，要丰富高校图书馆馆藏。高校图书馆馆藏资源的主要功能是为广大师生提供教学和学习服务。通常在高校中，会有一座拥有丰富馆藏的图书馆，图书门类齐全，能够满足不同教师和学生的需求，同时能够体现高校的儒雅及包容性。学校在建设发展中应该提高对图书馆建设的重视，加大资金投入，丰富馆藏，最大化满足广大师生在现代社会环境下的知识多样化需求。其次，要注重提升图书馆馆藏的针对性及全面性。多年前院系调整之后出现了一批专门性高校，之后院校合并整合，产生了很多综合性高校，但是其图书馆馆藏依旧可能偏向于某一种学科。例如之前偏理工科的院校，相对来讲人文类图书收藏数量比较少，文科院校中理工类图书收藏相对来讲比较少，这一情况的存在不利于学生的全面发展。高校图书馆在建设中一定要注重提升馆藏的全面性。明尼苏达大学图书馆在建设中，非常注重实现学术的中立性，最大化收集与人类文化有关的书籍，不同观点及不同学派书籍均纳入馆藏，对学术公正性及全面性提供有效保障。另外，高校图书馆在书籍选择中也需要注重实现针对性，为实现人才培养目标制定一个科学合理的藏书体系，促进广大学生的全面综合性发展。

第三，强化校园媒体建设。校园媒体在高校信息传播中具有重要的应用价值，在高校校园物质心理环境建设中也是组成部分之一。校园媒体存在多种形式，例如校园广播、校报、校园网、橱窗等，在校园媒体应用中也必须注重发挥媒体的正面宣传作用，引导校园文化发展，让学生不断接触先进文化，在校园中起到舆论引导作用。高校宣传部门及学校工作部门要共同合作，建构舆论联动机制，为广大学生提供心理咨询渠道及思政教育场所，促进广大学生的思想健康发展。在校园中也需要定期更换宣传标语及橱窗内容，在宣传主题选择中应该尽可能结合时代需求及学生特点，建构相应的校园网络文化。首先，应该注重提升对校园网络系统的应用，在校园中可以建设综合型主题教育网站，传播积极向上、内容健康的知识；也可以开设电子公告、学习园地及党团建设等栏目，在网络上对学生的主流思想起到引导作用，将其视为党建宣传的窗口，师生互动平台及理论学习交流渠道。其次，可以在网络上建立心理咨询工作室，为广大师生开设心理咨询热线，定期邀请专家或心理教师在网络上讲课，鼓励学生间的沟通交流，及时了解学生心理存在的问题，并对其进行疏导和引导，培养广大学生的健康心理；也可以结合应用网络的双重影响作用，建构相应的校园网络监督管理机制，保障校园文化的健康发展。从技术上来讲，还需要强化网络安全管理，强化网络道德自律机制，以实现对网络行为的有效规范。最后，积极开展各种网络科技活动，提升学生在活动中的参与积极性。另外，在网络的应用下建立"网上社区""网上联欢会"等，在网络环境中充实高雅健康文化。

（三） 增强校园心理环境的软实力

校园心理环境的软实力包括校园文化心理环境、校园心理生态环境等。

1. 校园文化心理环境

校园文化心理环境即为校园中与精神和文化相关的因素，也可以将其看成是满足人的需求的相关精神因素综合，最为明显的即为校园的组织文化、文化活动、制度文化等，共同建构形成具有整体协调性的育人环境，同时也能够满足以人为本需求。简而言之，良好的学风、校风、教风，以及良好的校园文化建设，对于高校学生心理健康形成及发展具有直接影响，积极向上的校园文化心理环境能够对学生健康人格的形成产生良好的促进作用。

（1） 强化高校"三风"建设

高校中的"三风"是文化心理环境的重要组成部分，不但属于深层次的群体意识，也可以将其看成群体凝聚力，是整个学校中群体所具备的共同价值取向，"三风"具体指学校的校风、教师的教风以及学生的学风。在校园中建设良好的文化心理环境，能够对学生起到开拓进取及自主创新的激发作用，从而促进高校学生健康人格的塑造及发展。

加强校风建设。校风建设即为校园精神的塑造过程，能够直接从校风看出学校的精神文化。良好的校风能够给广大师生个人人格留下深刻的烙印，在校园个体社会人格培养过程中可以将其视为对照物。如果校风长期保持积极向上，就会对广大学生起到潜移默化的影响作用，从而起到心灵感染及熏陶作用。在校风建设中，必须强化"课余文化"活动建设，为广大师生建构具有一定品位的人文环境和自然环境，共同建构学校的可持续发展心理环境。要注重开展科技学术活动，在校园中加强传授知识经济、经济全球化及科技成果转化等知识，并针对这些知识开展相应的活动，例如学术讲座、科普宣传等。在学校开展的一系列学术交流及学校讲座活动，能够让广大学生及时了解学术前沿知识，各位专家、名人在活动中的参与，也能够通过自身人格魅力，对学生起到熏陶作用。要激发广大师生参与到不同的学术研究中，对于学生申报的学术研究课题也需要给予一定的资助，如注重实现全国"挑战杯"课外学术科技成品的转化，将其转化为生产力，从而真正发挥其应用价值。这样可以有效引导广大学生追求科学、不畏艰险、勤奋好学，有助于培养广大学生的创新实践能力，对学生兴趣培养、团体合作精神、竞争意识及个性发展提供良好的促进作用，为之后走向社会奠定基础。同时，学校要大力弘扬奋发有为的作风、密切联系群众的作风和艰苦奋斗的作风，形成"求真务实、开拓创新、精诚服务、风清气正"的优良校风。

加强教风建设。鲍勒诺夫曾经提出，教师人格在年轻心灵发展中具有不可替代的作用。教师具有很强的人格魅力，在学生眼中不但具有一定审美价值，也能够促进学生追求人生的完美。苏霍姆林斯基曾经提出，如果你想成为学生喜欢和爱戴的教师，也就需要长期让学生感受到你的人格魅力。教师想要有一定的人格魅力，就必须要具备崇高的个人修养、严于律己的作风及宽阔的胸怀，另外还需要丰富的知识积累、广阔的人文知识、新信息的捕捉能力等。教师的工作并不是单纯的知识复制和传递，需要不断学习，实现对自身知识领域的拓展及发展，实现教学理念、教学方法的创新应用，提升对新知识及新信息的应用，为广大学生发展成才提供平台。同时通过自己的情感及人格，促进对学生健康人格形成及发展的影响。所以，广大教师必须要不断提升对自身素养及道德的重视，以自身崇高的人格及形象对学生起到引导作用。首先，必须注重建构完善的师德评价体系，结合实际工作制定相应的绩效考核体系，实现高校教师师德内容的规范化、具体化，并不断在教学、科研等相关工作真正落实师德教育作用，真正将教师职业道德实践落到实处。在对教师业绩进行考核过程中，也需要注重改善重业务轻师德的问题。其次，还需要建构完善的监督管理机制，在管理过程中可以采用自律和他律结合模式，实现社会监督和行政监督的有效结合，提升学校教师的自律积极性，形成较强的自我管理氛围。可以在学校建立教师"师德档案"，对于违反师德的教师一定要及时给予批评，情节严重的需要给予相应的处罚，如果影响非常恶劣，也可以实施"一票否决制"，甚至可以将其直接清除教师队伍。再次，在开展研究工作过程中出现的不良学术风气等问题，比如急功近利、思想浮躁，均会造成不良影响，因此要落实各种有效措施，实现对学术行为的有效规范，在学校校园中形成良好的学术风气，为学术事业发展提供良好的保障，为广大学生树立良好的榜样作用。

加强学风建设。学风也就是学习风气，学风建设是心理环境建设的基本内容之一，也具有重要作用。端正学风也就是在整个校园中广大学生均树立起正确的学习态度，认真完成各项学习及工作任务，逐渐形成脚踏实地、认真细致的学习态度。明确学习目标，在学习过程中要将学习任务和祖国发展密切相关，为学生学习提供动力；学生主动掌握有效的学习方法，提升学习效率及效果；教师加强引导，使学生在对基础知识理解上提升学习记忆等；在学生之间积极开展多种学习交流活动，实现学生之间的学习交流，取长补短，共同成长。在校园中建设良好的学风，才能够满足广大学生不断增加的知识需求，促进个人自身健康人格的发展。对于高校来讲，具有特色性的学风，是在长期实践过程中广大师生群体形成的一种心理倾向。

（2）建立良好的师生关系

从当前各大媒体报道能够发现，社会经济的发展促进了各种观念的改变，教师观、学生观及师生关系观均出现变化。在信息环境下，由于存在教师角色错位、学生民主意识冲突等问题，同时受到市场经济的影响，导致师生关系之间也出现了各种矛盾，甚至出现对立现象。教师和学生之间存在的不和谐关系，直接影响学校的心理环境，就像是校园文化建设的无形杀手，对于学生的学习积极性和主动性产生直接不良影响，对学生健康人格的形成及发展也起到负面影响。所以，在校园中形成新型师生关系，有助于建构良好的班级心理环境，从而有助于培养广大学生的健康人格。

美国著名人本主义心理学家、教育改革家卡尔·罗杰斯曾经提出，在新型师生关系建构中，一定存在三个要素，分别为真实或真诚、理解、尊重或许可。在此情况下，在新型师生关系建构过程中，也就需要教师、学生及管理者共同合作、共同努力。一是教师必须要建构全新教育观念。在教育事业发展进程中，教师一定要建立全新的教育理念，在教学中贯彻信任、尊重、民主、平等的教育观念。这一教育理念与我国传统师道尊严明显不相符，如果学生的生活中没有享受到尊重和对话的权力，长期接受教师"至高无上"的权威思想引导，就会导致学生缺乏独立思考的能力，更无法培养出满足社会需求的创新型人才。所以，在现代社会环境下，教师一定要学会与学生平等交流，放下自己的架子，了解学生心理。比如在教学态度上，不应该针对学生成绩好坏、智力水平高低、家庭条件好坏等因素决定自己的态度，必须要做到一视同仁，就算是针对品行不佳的学生，也不能够出现歧视心理；在教学过程中可以采用开放式教学方式，解放学生思维，以能够给学生思维及想象提供自由空间，促进学生的思维发展；在教学评价上不能以是否听话及成绩好坏等因素决定，不能只是简单地将学生划分为好学生和坏学生，教师在评价过程中要坚持发展的眼光。强化人际沟通能够促进教师和学生之间相互理解，采用有效的方法，实现和学生之间的情感沟通和交流，认识到各自的思想认识以及心理需求，拉近两者之间的距离，以此有效实现心理相容的目的。二是保持师生关系中的教师主导地位和学生的主体地位。教师必须要积极主动地和学生进行沟通和交流，在对学生学习生活了解基础上，也需要对学生心理发展特点及其规律有一定的了解，全面掌握学生心理特点。然而在实际师生交流过程中，通常情况下只是简单的知识交流，情感交流比较少。学生也是有思想有认识的个体，想要有独立的人格需求，就像是需要开发的宝藏，不能够只是将其看成是思想和知识的"容器"。因此，教师也应该积极主动地参与到学生活动中去，在和学生互动过程中了解学生的思想变化，在轻松氛围中了解学生的需求，培养良好的师生感情。同时在课后也可以适当与和学生小群体进行接触，以了解不同学生的思想观念，实现对广大学生内心的真正关注，在接触过程中有效引导学生正视自己存在的问题，化解师生之间存在的矛盾。降低自身心理压力，保持平衡健康的心态，这对于一名教师来讲，不但是其自身的责任，同时也有助于建立良好的师生关系，教师本身也不是单纯的知识和学习传导体，最为重要的是传导为人之道和生存发展之道。

（3）营造良好的校园心理氛围

建构积极向上的课堂氛围。课堂氛围即在教学过程中师生呈现出来的情绪以及情感状态，是广大师生在教学中共同建构形成的心理、情感及社会氛围。相关研究提出，课堂氛围通常对于教学活动境界及水平起导向作用，从而获取相应的教学效果。曾经有研究学者针对同一个班级的语文课堂教学氛围展开分析，发现就算是在同一个班级，在不同教学氛围下所产生的教学效果也有明显差异。如果是在良好的课堂氛围下，巧妙设置课堂提问，能够取得较好的教学质量，不管是发言人数还是创设性建议，都明显较多，但是如果是在氛围不佳的课堂，课堂提问中发言人数及提出的建议数量明显降低，直接影响教学质量。在教学两周后再次对其进行测试分析，发现课堂氛围良好的情况下巩固率也明显较高。出现以上这种情况的原因是，轻松愉快的课堂氛围有助于激发人们的智力活动，学生在学习过程中保持旺盛的精力，思维敏捷、思路开阔，能够积极主动思考问题、解决问题，提升记忆力。但是消极的课堂氛围就会限制学生的智力活动，导致思维活力不足，思路狭窄，就算是在课堂上被动地接受了知识，但是也不会对其深入思考，无法独立进取，对于学生的全面发展非常不利。鲍法德曾经说过，"课堂中的社会相互作用量将影响每一个学生的认识、情感和人际关系，或许甚至影响学生的个性发展。"由此可以看出，在课堂教学过程中应该注重建构和谐向上的课堂氛围。巴班斯基在研究中指出，教师在课堂良好心理环境建设中具有主导作用，创设良好心理环境有助于显著提升学生学习活动效率，显著提升学生学习中可能性的最高水平。在良好课堂氛围营造中，教师是主要影响因素之一，因此应该注重提升教师的政治素质、专业技能、心理素质等综合能力。在课堂上，如果教师和颜悦色、态度和蔼，那么学生自然也能感受到，从而实现亲其师而信其道。所以，教师在与学生沟通过程中，一是要保持心情愉悦、情绪稳定，具备一定的自我心理调节能力，为学生学习营造一个轻松愉快的学习环境。二是要全身心投入，保持积极向上的情绪，引导学生全身心地投入到学习中去，要对自身工作保持热爱之情，采用严谨的治学态度对学生起到影响作用。三是要注重创新教学内容。教学内容的选择和教材的组织方式影响学生的学习动力，对于课堂心理氛围的营造也具有直接影响。在教学内容选择中一定要建立在学生当前知识基础上，结合学生已经存在的知识经验，激发学生认识到已知和未知之间的矛盾性，从而积极探索未知内容，引导学生自己去理解和认识已知和未知之间的联系。在教学内容选择过程中，也要与现实生活相结合，深入浅出，从而提升理论教学趣味性，提升课堂活力。四是优化教学方法。教师在教学过程中不断尝试新的教学方法，引导学生轻松愉快的学习，一方面可以缓解学生在学习过程中可能会出现的心理压力，另一方面也能够提升学生学习内在动力，实现对课堂心理环境的优化建构。毛蒂莫·阿德勒曾经提出，真正的学习必须是主动积极的学习，必须不断开动脑筋，不能一直被动地死记硬背。教学中改善教学方式，可以实现对课堂心理氛围的优化改善，也能够得到广大学生的喜爱和欢迎。注重启发学生思维，提升学生学习积极性，也需要有效激发学生的思维，为广大学生提供独立思考的空间，激发学生的创造力，让学生由单纯的理论学习转向求异思维培养，真正融入自我个性认知结构中，建构和谐的课堂心理环境，在课堂上真正实现"教学相长"，有效培养学生独立创新意识。

建构积极向上的班级氛围。良好的班级氛围，通常表现出来的特点为积极向上、协调融合，在这一教育环境影响下，能够积极激发学生思想、行为以及个人品质的优化发展。反之会使学生形成拘谨刻板、紧张冷漠的特点，长期生活在这一环境下也就会导致学生出现紧张压抑情绪，甚至会导致在班级中出现冲突事件或者各种消极行为。因此，建构健康和谐的班级心理环境，对学生健康人格的形成产生重要的影响。帕森斯曾经提出，"班级是促进学生实现社会化的一个重要单位。"首先，在班级心理环境建设中要树立班集体意识，在班级课内外活动开展过程中形成共同心理倾向，不但可以分享胜利的喜悦，而且要共同承担失利的遗憾。其次，要制定奋斗方向。针对学生在一进入大学即失去奋斗目标的普遍情况，应及时开展探讨实现自我理想和职业发展的活动，激发学生的成功意识和成才意识，制订奋斗计划，帮助学生树立成功成才的自信心。再次，在班级氛围建构中要坚持"团结、奋发、合作、进取"精神的引导作用，为班级氛围建设奠定积极向上，努力进取的基调。同时需要发挥每个学生的个性作用，让学生实现自我教育，为学生交往提供一定平台，让学生体验到团结互助和遵守纪律等，在班集体中实现自身思想以及情感的发展，在社会环境下建立正确关系，有效应用和发展学生的良好人格品质等作用。最后，注重发挥辅导员和学生干部的作用。以眷眷之心、殷殷之情倾听广大学生的心声，激发学生的自尊自爱之情，及时引导学生克服"心理危机"。同时建构良好形象，起到榜样作用，以自己的信仰对学生的信仰产生影响。利用班级氛围来影响学生，有助于减少工作量，提高工作效率，犹如借用一个支点撬起一块巨石，在"崇高目标"的引导下，聚集学生力量，提升班级凝聚力，以共同互动为载体，促进广大学生在良好氛围中发展。

建构和谐向上的寝室氛围。大学生在校园交往过程中，主要对象为同学、室友、老师及参加各种活动认识的朋友等，其中最为亲密的关系即为室友，大部分同一个寝室中的成员均为同班同学或同年级同学。所以，在寝室中形成的寝室文化氛围，对于高校学生人生观、价值观、世界观的形成具有直接影响。简而言之，建构团结和睦的寝室心理环境，对于培养学生健康人格具有重要作用。寝室即为校园中学生的家，其环境直接影响学生的人格形成。在寝室环境中，如果整齐干净、明亮卫生，每一个学生自然都会感受到心情愉悦，有助于改善学生生活情趣，提升学生的学习效率。反之，如果寝室环境潮湿阴暗、物品堆放乱七八糟，则容易导致学生出现疲倦、压抑情绪，从而引发学生出现各种异常心理或行为。针对这一情况，一方面可以开展一系列寝室文化活动，引导学生积极改善寝室环境，形成良好的寝室文化。让寝室中的每一个学生在有限的空间中精心布置，可以张贴部分图画、艺术作品、条幅等，体现寝室成员的文化品位及其环境文化主题，这对学生心灵可起到净化和陶冶情操作用。另一方面，学校要引导学生学会自我管理。在学生行为习惯培养过程中，不能单纯采用规章制度、条令条例等硬性灌输方法实施强制管理，需要通过建构相应的文化环境，形成良好的精神环境及物质环境，对广大学生起到潜移默化的影响。高校学生寝室交往过程中出现的文化精神层面因素，存在一定的约束作用，就算是没有强制作用，也能够引发学生个体情感共鸣，从而无意识地受到启发及感染，对学生行为管理产生内在驱动力。简而言之，只有把学校制定的一系列规范制度，内化为自身的行为习惯时，才能够产生真正发挥其作用。学生自我管理过程中，要发挥主人翁精神，将自身看成是学校管理主体，不管是寝室环境中的纪律、设备还是卫生都是自己的管理重点，思想教育也包含其中，这对于培养学生以校为家等良好品质具有显著效果。

建构积极向上的文化活动氛围。高校中各层次主办的各类文化活动精彩纷呈，深受学生喜爱，特别是学校的学生社团，是广大学生依照自己的兴趣和特长自愿组成的团体，依照相关章程自主开展的活动，对于学生个性发展具有重要作用。长期以来，高校在发展中始终坚持"高品位、展特色、争创新"路线，对于学生社团建设提出严格的政治要求，实施规范管理，积极筹集活动经费，以促进学生社团的蓬勃发展。当前，高校社团各种特色性活动受到了广大学生的欢迎和喜爱。学校开展的一系列社团活动，实现了对课堂教学的延伸和补充，也实现了对学生信息量及交际面的拓展，能够改善课堂教学本身存在的局限性及封闭性，可以不受班级、系别及学科之间的限制，从而建构相应的组织体系，为广大学生提供沟通交流的平台。在社团活动中，学生之间具有共同的兴趣爱好，可以在融洽的环境中敞开心扉积极交流，取长补短，共同成长。学校中不同性格、不同气质的师生聚集在一起，相互之间更能够相互影响和感染。我国高校教育培养的是社会主义合格建设者及接班人，这一人才培养目标要求学生必须学会关心他人和关心社会。学校也可以积极组织学生参加各种公益活动，让学生体会到奉献社会的意义，锻炼才干的同时也能够真正认识到"家事、国事、天下事，事事关心"，提升广大学生自身的责任感。

建构和谐的校园人际氛围。良好的校园人际氛围是建立在和谐的人际关系上。大学生在人际交往过程中，满足彼此之间的友谊需求，建构相对稳定的心理状态，从而促进学生的心理健康。但是人际冲突的出现，不但可能导致人际关系无法适应问题，也可能导致学生出现不同的心理障碍，直接影响其人格发展，限制学生的成长和发展。对于高校大学生来讲，所涉及的人际关系主要包括师生关系和生生关系，师生关系前面已经有一定的介绍，生生关系是在同学交往过程中建构的关系，直接受到学生交往知识、个性品质及本身技能的影响。在学生人际环境优化建构中，可以从两方面着手：一是在学生学习生活过程中，积极贯穿"谦逊有礼、心胸豁达、诚实守信、勤奋求知"行为准则，让学生学会正确处理交往冲突，可以安排多样化集体活动，引导学生在实践过程中学会建构和谐的人际关系；二是引导学生坚持以诚恳、公平、谦虚、宽厚的态度对待他人，防范学生在相处过程中出现嘲笑、讽刺、挖苦等不良行为，应有策略地指出同学的缺点或过失，并给予积极帮助，促进同学之间的和睦相处，相互帮助，共同成长。

2. 校园心理生态环境

心理健康教育视域下的校园心理生态环境主要包括心理健康课程环境、心理咨询服务环境、心理文化活动环境、朋辈辅导环境及心理危机预防干预环境、学生生活园区心理环境等方面。

（1）建设大学生心理健康课程环境

通过课堂教学对学生进行心理健康教育，促进学生内在的心理系统环境不断向积极、充满生命活力的方向发展，达到学生内在能量的合理流动与和谐。

心理健康课程必须坚持以人为中心的价值理念，要基于大学生的心理发展特点、成长需要和教学方法进行课程设计，尊重大学生的主体地位，坚持整体性原则促进内外系统和谐，重视大学生的差异性，满足不同层次的心理需求；要坚持学生生命成长的积极取向，提倡素质和潜力的培养，要激发学生的主动体验，在感悟中成长；要提倡知识回归生活，不仅在课程设计上以真实的生活环境为素材，也能让学生将所学用于实际。

心理健康课程要以需求和应用为导引，整合相关理论，同时拓展实践资源，在课程内容的选择上可以参照美国著名的课程专家泰勒在《课程编制的尺度》中提出的十条原则：学生必须具有相关的行为经验；使学生在实现目标的行为中获得满足感；使学生具有积极投入的动机；使学生看到自己以往反应方式的不当之处，激励学生尝试新的行为反应方式；学生在尝试学习新的行为时，应该得到某种指导；学生具有从事活动所需要的学习材料；学生有足够的时间学习与实践，直到新的行为反应方式成为其部分技能；学生有机会循序渐进地从事大量实践活动，而不是只是简单的重复；为每个学生制定超出他原有水平但又能达到的标准；使学生能够判断学习结果，在没有教师的情况下能够自学。在有限的时间内，提升教学效率，让学生积极主动地学习、探索自己的内心世界和周围环境，将课前学习、课堂体验和课后实践结合起来。

心理健康课程教育要真正进入学生的内心深处，必须建立和谐、民主、平等的师生关系，课程教育不是简单地讲知识、学知识，而是师生之间生命与生命相互沟通的过程，是师生之间情感的相互交融，是心理相互成长的过程。教师自身缺乏对人性独特的亲身体验，缺乏对心理活动的敏锐体悟，就不可能很好地理解和运用心理学的理论和方法。

心理健康课程可以采用支架式、抛锚式、随机进入式等建构主义理论上的教学模式，也可以用互动式和体验式的教学模式，同时可以用案例教学法、行动学习法、网络教学法、能力导向考核法等多种教学方法，通过设置适当的体验情境，将主动权交还给学生，激发其学习兴趣和积极性，主动思考，并学会分享和互动，提高教学效果。

（2）建设心理咨询服务环境

心理咨询是专业的助人工作，建立完备的心理咨询服务体系，是构成良好的校园心理育人环境的重要组成部分。

心理咨询对学生心理的影响，主要体现在咨询师和来访者建立的信任、温暖的咨询关系所促成学生心理转化的最安全的心理环境，体现在心理咨询师的自我认识、价值观、知识技能、情绪等对学生心理的重要影响，还体现在安静、方便、适宜、舒适的心理咨询物理环境对学生心理的影响。

高校心理咨询与社会上的心理咨询、医院的心理治疗不同，它以发展性、积极取向咨询为主，个体心理咨询多种咨询形式并举，但以短程咨询为主，体现专业的封闭性与教育的开放性融为一体，不仅坚守咨询机构的专业界限，还要开展开放性的普及教育、价值观的引导，以及学校相关部门的通力协作。

高校心理咨询要遵循严格的伦理守则，心理咨询师要具备高度负责的职业态度、严格保密的职业操守、尊重包容的多元视角，提供专业规范的咨询服务。高校心理咨询有着自身特殊性，面临特有的多重关系的困境、保密原则的困境和咨询设置的困境，实践中要求高校心理咨询以保障生命安全为首要准则，必要时可以选择突破心理咨询的常规设置，要求以规范咨询设置为手段，以持续伦理培训为保障，以督导监督为支持，加强心理咨询的规范化、正规化和科学化建设，完善健全心理咨询服务机构范围界定、员工要求、工作流程、档案管理等工作制度，加强心理咨询效果的评估，加强心理咨询师的专业建设，提升专业意识，建立培训体系，加强专业督导，提升咨询师的专业水平，为创设良好的心理育人环境提供高质量软实力。

（3）建设心理文化活动环境

人的个体主动的、积极的、创造性的活动是人全面发展的决定性因素，通过实践活动，个体的心理素质才能够得到发展。通过开展丰富多彩的心理健康教育活动，营造健康成长的心理场，使学生在心理场中增强积极的心理体验，建立良好的自我意识，增进与他人的交往，优化心理适应能力和社会适应能力，自然而然地提升心理素质。

心理文化活动可以拓展教育时空、广泛普及心理教育、提升心理健康意识、预防心理危机。高校可以开展日常性、集中性的心理文化活动，可以开展个人层面、寝室层面、班级层面、校园层面的活动，可以开展心理讲座、心理健康知识竞赛、心理情景剧、团体辅导、专题互动、心理素质拓展等活动，既可以通过报纸、刊物、橱窗、电视、广播等实体进行心理健康宣传，也可以通过网站、微博、QQ、微信等形式进行网络宣传。

心理文化活动要把握时机顺应学生心理变化，如新生入校时的引导、毕业时的激励、敏感期的疏导等，激发主动参与的积极性，放手让学生创办，教师适时指导，慎重处理突发事件，让大学生参与活动中人格受到熏陶。心理文化活动与心理健康课程教育、心理咨询、心理危机预防干预、学生心理骨干队伍建设等方面相互融合、相互作用、相互促进，构成大学生健康发展的校园心理育人环境。

（4）建设朋辈辅导环境

朋辈主要是指"朋友"和"同辈"。国内有关研究发现，多数大学生遇到心理困扰，最先向朋友、同学倾诉和寻找帮助，这是因为同龄人具有相似的心理整点和生活经历，遇到的问题相似，易于沟通和产生共鸣，因此，建立朋辈之间互助式的心理辅导体系是校园心理育人环境的重要方面。

朋辈心理辅导不同于同伴间的互助行为，它带有一定的专业色彩。20世纪60年代以来，由于学校心理咨询机构专业咨询人员缺乏，一些学者开展了接受半专业训练的朋辈咨询，取得了一定的成效，后来逐渐推广开来。我国高校在开展心理咨询和心理健康教育中凸显了供需矛盾，特别是社会矛盾加剧、学生人数增多、心理危机频发的形势下。21世纪初期，一些高校开始探索朋辈辅导形式，目前，我国高校已经广泛开展这种形式。

朋辈辅导能够深化同学之间的友谊，提升学生自身的调节能力，有助于实现"助人－自助"的良性循环；充分发挥学生心理骨干作用，引导大学生进行自我教育，有助于及时发现、有效控制心理危机事件；有助于扩大心理健康教育的覆盖面，调动大学生参与校园心理育人环境建设的积极性和主动性，形成良好的校园氛围，在校园心理育人环境建设中有着不可替代的作用。

学生朋辈辅导体系一般包括研究生助理咨询员系统、班级心理委员系统、学生心理骨干系统等。值得注意的是，朋辈辅导员的专业能力和水平受到一定限制，朋辈辅导不能代替专业心理辅导和心理咨询，当朋辈辅导员遇到心理困扰严重、心理障碍的案例时，需要及时转介给心理咨询中心或医疗机构进行专门治疗。因此要对朋辈辅导员的专业培训和心理督导常抓不懈，开展不同层次的专业训练。同时要建章立制，让朋辈辅导工作有章可依，严格管理，增强责任意识，加强考核，增强朋辈辅导队伍的凝聚力。此外，要加强教育经费的投入，为学校心理育人环境创造提供良好的物质条件。

同时，学校心理咨询中心工作存在一定被动性；必须要由学生主动到咨询中心，咨询中心才能够给予相应的指导，朋辈心理咨询对这一问题具有一定改善作用。朋辈心理咨询员身处学生中间，能够主动发现学生存在的心理问题，及时给予帮助，并且在发现学生出现严重心理问题时，直接上报到学校心理咨询中心，寻求专业心理咨询师的帮助和指导。

（5）建设心理危机预防干预环境

高校心理危机预防干预是尊重生命、维护生命安全、以人为本教育思想的体现，也是帮助学生理解生命、热爱生命、珍惜生命、实现人生价值、关怀人生发展的生命教育，是校园心理育人环境建设的重要组成部分。

心理危机干预权威专家 Caplan 认为，当一个人面对困难情境，之前处理问题的方式及支持系统不足以应对眼前的困境，即超过了他的应对能力时，就会产生暂时的心理困扰，这种暂时性的心理失调状况就是心理危机。

大学生的心理危机一般是发展性心理危机、境遇性心理危机和存在性心理危机。发展性心理危机是在交友、恋爱、就业、升学等发展课题方面遇到的心理危机；境遇性心理危机是由突发意外事件、家庭遭遇变故、个人突发重病等突发事件而引发的心理危机；存在性心理危机主要是指在追寻自我面临如"我是谁""我为什么活着"等存在性终极问题时产生心理迷惘和难以摆脱的心理境况。这些危机的发生，有的是因突发创伤性事件引起，有的是以往创伤性事件引发的心理创伤未能解决而被新压力所激起，也有的是长期累积负面能量导致个体无法承受而产生心理危机。

为了有效预防和干预学生的心理危机事件，尽可能地减少危机事件造成的伤害，构建五级心理危机事件干预机制是行之有效的干预模式。五级心理危机预防干预模式是一套由学校、院系、班级、宿舍和学生个体组成，与学校日常心理健康教育融为一体的工作系统。它使危机预防干预和心理教育相结合、专业运作和行政运作相结合、专职人员和其他教育管理人员相结合，开展心理危机预防干预知识的宣传普及，开展心理危机排查，进行危机排查后的早期干预，制定学校危机干预预警方案，并开展家、校、医、警合作的危机干预模式，最大限度地降低大学生心理危机事件的发生，共同促成高校育人目标的实现。

（6）构建学生生活园区心理环境

随着高校学分制深化改革，学生生活园区日益成为大学生学习、生活、交流的主要场所，已成为高校重要的育人阵地。浙江财经大学大力推动学习型公寓建设，着力打造园区"健心"工程，为构建良好的学生生活园区心理环境积累了经验，取得了显著的成效。

浙江财经大学以浙江省大学生生活指导和生活教育改革试点单位为契机，紧紧抓住学生寝室这一基本单位和工作落脚点，以"六个一"工作为重点，实现"三个全覆盖"，将工作触角延伸到学生学习生活的最基层。

机制保障全覆盖：织密一个工作网络，培养一支服务队伍。真正的生活园区全覆盖，不只是单一项目的涉及，而是知识普及、实践活动、个性化需求服务等各个环节的覆盖，所以，需要建立起符合学生生活园区特点、适应学生发展需求的生活园区工作网络和工作队伍。一是强化寝室功能，织密交互式的生活园区心理健康教育工作网络。在生活园区成立学生发展指导中心，统筹协调生活园区心理健康教育工作。每个寝室设立心理观察员，由寝室长担任，建立寝室观察员、心理委员、楼层长、园区心理社团、发展指导中心等几个层次的工作组织，并与原有学校、学院、班级三级工作网络互为交叉、互相补充，形成交互式的生活园区心理健康工作网络和信息网络，将心理健康教育工作渗透到各个学生寝室，同时通过周报制、走访制、定点楼等相关制度及时掌握学生动态。二是夯实寝室基础，培养高素质的生活园区心理健康教育工作队伍。生活园区心理健康教育工作队伍主要由校内外专家、心理咨询师、心理辅导员等教师队伍和心理朋辈辅导团、心理社团、楼层长、心理委员、寝室长等学生骨干组成。学校应注重这支队伍的培训工作，特别是对寝室长队伍的培训，必须保证全校新生寝室长3个课时的心理健康培训工作，并要求二级学院做好后续的培训。心理委员的培训开设初级班、中级班、高级班，必须具备各级结业证才能上岗。寝室长、楼层长等任何园区学生干部都要经过心理培训方能上岗，考核合格才能予以推优。

普及教育全覆盖：实施一项培训计划，创建一批宣传阵地。普及心理健康知识，帮助大学生确立正确的心理健康意识，培养其自助助人的能力，始终是心理健康教育的重中之重。一是突出寝室单位，实施大学生心理健康知识全员培训计划。扩大心理健康教育选修课、开展心理健康宣传月、宣传周等方式，加大心理健康教育普及面，但始终难以做到全员全覆盖。启动心理导航工程，要求各二级学院必须在新生入学第一学期深入学生寝室开展一系列心理健康教育，上报实施方案，做好工作总结，上好新生入学的第一课；同时由生活园区发展指导中心组织，以楼层、寝室为主要单位的组织形式，面向生活园区全体大学生实施心理健康教育全员培训计划。设计新生适应、人际交往、职业规划三个主题培训模块，采取统一规划、系列讲授、分层实施的方法，实现教育教学的全员全覆盖，深受同学们的欢迎。二是贴近寝室生活，创建一批心理健康教育阵地。通过创建一批贴近寝室生活的教育阵地，"送心理健康知识到学生身边"。利用生活园区学生心理辅导室、谈心室、活动室等场地，建立生活园区心理辅导基地，安排心理咨询师、心理辅导员进驻辅导；推进在生活园区设二级学院心理辅导站工作；建立园区学生自助服务平台，开设以心理健康主题研讨为主的心理沙龙，以工作交流研讨为主的心理聊天室等；利用园区主题橱窗、各楼层宣传栏，园区心理健康宣传册、报纸等平面媒介加大心理知识的普及；利用"五位一体"学习型公寓建设专题网发展指导版块、电子邮箱等网上渠道，为广大学生提供主动、便捷、及时、有效的心理服务；利用园区 24 小时心理热线（可用虚拟网短号拨打），由当日园区值班的心理咨询师接听，对学生发展指导、避免过激行为、预防心理危机事件等方面发挥积极作用。

心理文化活动全覆盖：营造一个良好氛围，深入一个困难群体。心理文化活动既是普及教育的实践延伸，又是对普及教育的强化扩展。重视心理文化活动，通过质量提高实效，通过数量提高覆盖，充分调动学生自我教育的积极性。一是彰显寝室特色，营造生活园区良好的心理健康教育氛围。在园区学生发展指导中心统筹协调下，不断创新心理健康教育活动形式，拓展心理健康教育途径，积极营造良好的园区心理健康教育氛围。如积极推进"成长课堂""学长论坛""生命教育"等进公寓、进寝室，举办心理寝室剧大赛、心理健康知识图片展、心理素质拓展活动、心理活动公寓行、心语心愿互动展、寝室漂流瓶——说说你的心里话、心理影片展播等一系列心理健康教育活动。又如以"阳光校园"心理沙龙为载体，开展新生心理适应性、寝室关系辅导、情绪管理、求职心理、角色期待与人际交往系列、领导力训练，以及学生干部深入寝室的人际交往训练等系列主题沙龙活动，凡有需要的学生和寝室都可以预约进行个体或团体辅导。充分发挥学生心理社团等组织的朋辈互助作用，如成立学生心理朋辈辅导团，在教师的督导下开展新生楼的朋辈辅导活动，深入新生寝室，每周开展活动。二是走进寝室生活，深入贫困生群体。贫困生群体是心理危机高发群体，是学校心理危机预防与干预的重点关注对象。普遍存在因家庭经济困难、人际关系敏感、课程基础薄弱、综合能力差等导致的自卑心理，有的还存在强迫症状。学校通过走进贫困生的寝室生活进行帮扶，增强贫困生的心理素质。在建立贫困生心理档案的基础上，对心理有问题的贫困生建立寝室对接，进行一对一关注和日常心理支持。根据寝室对接了解的需求，以"缺什么补什么"的理念在解决贫困生学习、人际交往、就业等实际困难中缓解和消除一些心理压力，如针对大一特困生举办自信心训练、人际交往训练、缓解考试焦虑等沙龙活动；开展自强补习班，为大一特困生补习英语口语、听力和计算机基础操作等。三是将学生党员、志愿者等与贫困学生的结对帮扶主要安排在学生公寓和寝室中进行，使学生在朋辈互助中共同学习和进步。让贫困生体会理性受助和感恩助人的关系，增进人际交往，并且在这些活动中培养他们乐观、积极的心理品质，提高其心理承受能力。越来越多的贫困生在获得经济资助的同时积极参加各种志愿服务活动，以实际行动回报学校和社会。

第七章　以情暖心

——激发感恩品质

朋友，不要叹息命运的坎坷。因为大地的不平衡，才有了河流；因为温度的不平衡，才有了万物生长的春夏秋冬；因为人生的不平衡，才有了我们绚丽的生命。

——佚名

一、资助育人环境

党的十八大以来，党中央高度重视脱贫攻坚工作，举全党全社会之力扎实推进脱贫攻坚战，区域性整体贫困得到解决，完成了消除绝对贫困的艰巨任务。同时，我国高度重视教育公平，这从一定程度上推动了高校资助育人工作的开展。资助贫困家庭学生顺利完成学业，是教育脱贫攻坚工作的重要组成部分，是阻断贫困代际传递的治本之策。根据《2020年中国学生资助发展报告》，我国已经基本实现"不让一个学生因为家庭经济困难而失学"的工作目标。在高校资助育人环境建设中，资助体系不断完善，工作模式不断创新，高校资助育人工作取得了长足的发展。

中国特色社会主义进入新时代，我国社会主要矛盾的转变也体现在教育领域的不平衡。贯彻落实党的十九大报告明确指出的"健全学生资助制度，使绝大多数城乡新增劳动力接受高中阶段教育、更多接受高等教育"，需要充分发挥资助育人功能，这是深入实施教育扶贫战略、落实立德树人根本任务，实现"两个一百年"奋斗目标的重要举措，也是构建"三全育人"体系的重要途径。

（一） 高校资助育人工作的基本内涵

高校资助工作，主要以经济帮扶为基础手段，通过对受助学生进行价值引领、情感培育、道德养成，最终实现个体的全面发展，核心在"人"，方法在"资"，根本在"育"。育人是高校教学任务中的主要工作，侧重培养学生的自主创新能力，推动学生德、智、体、美、劳全面发展，为社会培养高素质人才。"资助"是教学帮扶工作的主要方法，育人才是教学工作的最终目的。高校资助育人工作，以"奖、减、助、贷、免、勤"为资助机制，帮助家庭困难的学生解决生活问题，注重培养他们的学习工作能力，推动其身心健康发展，实现育人工作的根本目的。

1. 高校资助育人的主体

教育部部长陈宝生指出："各地各校要形成全员参与、各部门配合、各个教育教学环节统筹协调的资助育人机制。"高校资助工作与资助育人的关系决定了高校资助工作的主体也必然是高校资助育人的主体。

高校学生资助管理中心是资助工作的行政机构主体，承担着学生资助工作的管理与组织工作，中心工作人员是资助育人的主体；高校辅导员是学生资助工作的主力军，也是资助育人主要和直接的责任主体；全员育人的理念决定了高校教职员工都必须承担育人职责，依托勤工助学实现育人功能的校内用人单位是高校资助育人的主体，开展日常教育教学工作的专任教师在讲授资助优越性，担任班主任、奖助学金评委，以及开展学业指导的过程中，也承担着高校资助育人的主体角色。

高校资助育人的主体具有全员性的特点，高校在开展资助育人的过程中，要注重发挥不同人员的资助育人优势，强化资助育人协同，形成资助育人合力。

2. 高校资助育人的内容

从新生入学绿色通道到毕业生基层就业学费补偿和国家助学贷款代偿，高校资助工作贯穿学生入学至毕业全过程。高校资助育人在具体的资助工作组织过程中得以实现，同样贯穿大学学习生活，具有全过程性的特点。

诚信教育。资助对象即家庭经济困难学生的认定工作是高校资助工作的基础，同时也是实现高校资助育人的重要前提。学生真实的家庭经济状况是认定工作的重要依据，教育学生讲求诚信也是高校资助育人的重要内容。教育部等六部门联合发布的《关于做好家庭经济困难学生认定工作的指导意见》（教财〔2018〕16号）要求："各学校要加强学生的诚信教育，要求学生或监护人如实提供家庭经济情况，并及时告知家庭经济变化情况。"同时该文件还取消了以往认定工作中要求民政部门或村（居）委会对学生家庭情况调查的签章确认，更加注重学生本人的承诺。这些文件要求表明诚信教育在高校资助育人内容中的基础地位。

爱国主义教育。当前，我国实行的是以政府为主导的家庭经济困难学生资助政策体系。2020年学生资助资金中，国家财政投入共计1290.08亿元，占当年资助资金的比例为63.15%，财政投入是国家学生资助经费的主要来源。这彰显了党和国家对促进教育公平和社会公平的决心和力度，是中国特色社会主义制度优越性的体现，与以美国为首的一些西方国家富人对优质教育资源的垄断形成鲜明对比。高校要将国家资助政策落实作为大学生爱国主义教育的现实素材，在解决大学生实际问题中，引导大学生坚持"四个自信"，激发学生的家国情怀，要将大学生爱国主义教育贯穿高校资助工作始终。

感恩教育。高校资助育人首先是实现资助助人，解决学生经济困难，满足学生成长需求，在主客体互动过程，往往会让受助学生浸润其中，激发学生的感激之情。在资助情境中教育学生心存感恩、知恩图报或自发产生感恩意识，是高校资助育人的重要内容。相反，如果受助学生认为资助是"理所应当"，甚至更多地纠结于"资助不公"，则是感恩教育的缺失。

励志教育。单纯的经济解困不能长久发挥资助育人的价值，家庭经济困难学生因其成长环境原因在心理上也往往存在不同程度的不自信或自卑现象。因此，在开展资助工作时要引导家庭经济困难学生既不要认为获得各项资助不体面，也不要有"等靠要"心理，而是要把获得的资助转化为前进的力量，激发学生的内生动力、锤炼学生的意志品质，使其做到自信、自立、自强。这是"扶贫"与"扶志""扶智"相结合的要求与体现，励志教育关乎高校资助育人的长效价值。

劳动教育。劳动教育已被纳入新时代高校人才培养工作的重要内容。

2018 年 9 月，习近平总书记在全国教育大会上发表的重要讲话中强调："要在学生中弘扬劳动精神，教育引导学生崇尚劳动、尊重劳动"，"培养德智体美劳全面发展的社会主义建设者和接班人"。德智体美劳"五育并举"也是对新时代党的教育方针的极大丰富。教育部、财政部印发的《高等学校学生勤工助学管理办法（2018 年修订)》（教财〔2018〕12 号）将勤工助学界定为"学生在学校的组织下利用课余时间，通过劳动取得合法报酬，用于改善学习和生活条件的实践活动"。同时强调："加强对勤工助学学生的思想教育，培养学生热爱劳动、自强不息、创新创业的奋斗精神。"在进一步规范高校勤工助学管理的同时，更加注重勤工助学育人功能的实现。学校在组织勤工助学的过程中，要充分挖掘劳动教育内容，丰富教育形式，拓展资助育人的内容。

高校资助育人针对诚信教育、爱国主义教育、感恩教育、励志教育、劳动教育等内容，应有整体性、系统性思维，找准教育时机与载体，形成整体性优势和协同效应，既要结合具体资助举措，也要结合大学生成长需求，同时要贯穿大学生学习生活全过程，构建完善的资助育人工作体系。

3. 高校资助育人的场域

开展高校资助育人的阵地应是多载体、多维开放空间的集成。

课上课下协同。课下是资助工作组织实施的主要场域，但不意味着缺席课堂场域。高校资助育人中蕴含的爱国主义教育、劳动教育、诚信教育等内容同样也是思想政治理论课讲授的重要内容，资助政策也可以是"形势与政策"课程讲授的内容。通过课内课外协同，高校资助育人内容可作为思想政治理论课的生动教育素材，高校资助育人效果也可以通过思想政治理论课教学得以强化。

校内校外联动。学校、社会、家庭"三位一体"才能形成最大的育人合力。无论是走访调研奖助学金设奖单位，还是参加校外勤工助学、公益服务，都说明资助育人的场域并不局限于校内。要积极创造条件，为获得资助的学生提供更多"走出去"的机会，通过校企合作、校际合作，组织受助学生参加实习实践、出国出境访学，在社会历练中受教育、长才干、做贡献，拓展学生国际视野，激发学生成长成才动力。同时还要走进受助学生家庭，了解学生家庭经济真实状况和成长背景，提供更有针对性的指导与帮扶，增强学生的认同感。

网上网下互补。无人不网、无时不网、无处不网已成为大学生日常生活的真实写照。学校可以通过建立资助工作信息系统，让资助工作更便捷、高效，同时结合大数据分析，增强资助工作的精准性，如通过系统数据识别家庭经济困难学生、开展隐性资助等，也可以开展线上资助育人活动，并与网下资助育人形成互动，丰富资助育人的内容与形式，增强育人实效。

高校资助育人工作要通过设计载体、搭建平台，让校园内外场域或空间皆成为育人的渠道或阵地，让学校资助各项工作皆有育人功能，实现全方位育人理念。

（二）高校资助育人工作中的现实问题

1. 资助实施举措较为单一

在高校资助育人工作中，大部分资金来自国家助学金、国家奖学金，仅仅依靠这些系统化的资助资金难以全部解决学生在学习过程中遇到的问题，难以从根本上解决学习困难，缺乏稳定性。同时，现阶段对于学生资助的帮扶措施，大多仍然属于"大水漫灌"型资助，不能根据家庭经济困难学生的年龄特征、专业特征、致贫因素及个性特征等不同特点进行有针对性的帮扶，这样的资助精准度差，极易造成资助工作的供需失衡。

2. 学生贫困情况认定困难

对家庭经济困难学生的认定方法比较简单、认定标准不够科学是目前高校普遍存在的问题。目前绝大部分高校采用生源地认定或高校自主认定的方式，但有的高校没有生源地政府对贫困学生的认定数据，贫困学生在学校申请贫困资助，需要提供村委会、县市等政府部门的证明，通过民主评议，以及学校学工部、教务部的审核，才能最终认定贫困。有些同学的家庭处在偏远地区，物流速度比较慢，导致相关证明材料难以按时上交到资助审核部门；有极少数同学因为自尊心的缘故，没有向相关部门说明贫困情况，无法领取相关的助学金、奖学金。另外，家庭经济困难学生的认定程序一般为二级学院接收家庭经济困难学生提供的经济困难证明，经过审核和评议，最终确定认定结果并予以公示。由于家庭经济困难证明由学生本人提供，往往难以核实其所提供证明中内容的真实性，所以评定小组进行判断时只能根据学生的消费情况及日常表现，这也就造成实际情况可能与认定结果存在较大出入的现象。尤其对于大一新生，了解不够全面，认定的时间也比较仓促，因此错建档和误建档的情况更容易出现。在认定过程中也缺乏客观评定标准，甚至将"家住贫困边远地区"作为直观评定因素，不能满足"精准资助"的客观要求。在贫困生认定过程中，随着逐年递增的国家对高校学生的资助力度与覆盖面，困难与一般困难的学生很难在实质上进行区别。而对于困难的界定，主要依据是贫困生是否申请国家助学贷款，主要材料均为文字性描述。学院评议小组在评定过程中，没有形成统一的认定体系标准，主观因素占据主导地位，无法满足"精准资助"的需求精准要求。

3. 资助管理模式不够精细

目前有些高校的学生资助管理相关制度不够完善，学生资助工作队伍不够专业，资助工作的信息化管理不够健全，学生赞助管理模式比较粗放，资助监督、审核存在缺失。有的高校资助育人工作队伍中专职人员较少，对专业知识的掌握程度不高，不熟悉国家的资助政策，致使在实际工作过程中，工作人员无法判定学生是否属于贫困，或者很多材料需要多次审核。在材料收集、审查方面缺少具体的工作流程，工作细节存在纰漏，工作成效不明显。工作人员在审核过程中，没有充分了解贫困学生的具体家庭状况、经济来源、家庭成员的概况。在资助金发放给贫困学生之后，工作人员也没有及时关注资金的使用情况，资助金是否落到实处，学习生活中的困难是否解决，都不得而知。对于因为自尊心而没有申请贫困认定的学生，工作队伍应发挥主观能动性，了解学生的具体生活情况，真正落实资助工作的细则，发挥资助机制的作用，帮助学生解决学习生活中的困难。

（三）高校资助育人工作的创新路径

1. 深化育人意识，加强队伍建设

高校资助育人工作队伍，是工作开展的基础物质保障，工作成员的工作能力、思想觉悟，体现了高校资助育人工作中的创新与成果。在现有工作队

伍的基础上，学校可以通过以下几点措施进行改进。第一，深化育人意识，高校资助育人工作要想与时俱进，就要不断掌握国家新政策。高校可以组织工作人员开展专题座谈会、交流会，进行系统化的学习，加强思想觉悟，不断积累资助育人工作中的成功经验。第二，将工作重心由"资助"转移到"育人"上，辅导员不仅仅是资助育人工作的建设者，还是学生前行道路上的引导者，因此，辅导员在资助育人工作中发挥着重要的作用。辅导员可以组织学生进行交流活动，了解学生生活中的具体情况，掌握学生的思想动向，及时帮助学生解决学习和生活中的问题，创建资助育人工作中的优秀队伍，充分发挥模范作用，推动高校资助育人工作的开展。

高校资助育人工作的推进，需要多元化的力量共同协作，充分发挥各个教学部门的作用。学校可以成立专门的育人工作小组，由宣传部门、学生处、科研处、团委部组成，统筹育人工作，细致划分岗位职责，制定相关工作细则，明确具体工作流程，促进各部门之间的管理协作，创建完善的育人格局。教师应该立足教学实践，创新教学手段，应用多样化的教学方法，及时解决资助育人工作过程中的问题，把握教学手段的适用范围及使用对象，推动思想政治教育的发展与进步。随着时代的发展，教师在教学过程中，要引导学生分辨不良网络信息，抓住契机，提高贫困学生的自主学习能力与思想道德修养。信息技术和互联网的普及、移动设备的应用，对教育产生了重要影响，教师可以利用现代化教学设备，加强育人的针对性。高校可以利用互联网，开展线上育人活动，建设移动式学习模式，教师可以通过互联网加强与学生之间的互动。与此同时，使用现代化的教学手段，可以有效拓宽资助育人工作的创新路径，教师要充分发挥现代化教学设备的作用，落实教学目标，发挥育人工作在高校教育过程中的重要作用，实现教学意义。高校要立足贫困学生的具体需求，合理增加教学设备，开发与教学相关的软件，加强育人工作物质载体的针对性。

2. 加强资金支持力度

高校资助育人的资金大部分来自国家和政府，但这部分资金有限，无法全部解决贫困学生的生活需求，资金项目在开展过程中存在困难。因此，在高校资金育人工作的开展过程中，最突出的解决办法就是加强资金支持力度。

第一，资金育人工作的资金主要来源是政府的大力扶持，资金的缺乏导致项目难以开展。所以，在高校资助育人工作开展过程中，要不断增加奖学金、助学金的数量，提高奖学金、助学金的金额，提高奖学金的门槛，以此激发学生学习的内在动机。第二，学校可以增设校园勤工助学的岗位，提高学生勤工助学岗位的时薪，健全勤工俭学资助育人的体系。这样，不仅可以帮助更多的贫困学生，还能真正实现立德树人的德育目标，增加资助育人工作的实效性。

3. 健全资助育人工作体系

要想确保学校资助育人工作的效果，就要制定一套完善的工作制度和工作标准，也就是从资助育人工作的开始到结束，都有一系列的工作流程参考，指引工作人员顺利完成教学任务。健全的资助育人体系，可以推动高校资助育人工作的顺利开展，育人工作的效果、技巧、经验是资助育人工作的重要标准。随着信息时代的发展，学校可以通过网络传递资助育人工作中的正能量，指引学生身心健康发展，真正实现育人工作的教学目的，提升资助育人工作的实效性。当前，我国高等院校主要资助育人工作需要强化师资队伍建设，深化组织领导供给。健全资助育人体系，需要各部门协同合作，共同完成。所以，高校要在党委的带领下，创建一支高素质的资助育人队伍，深入贯彻育人的理念，组织学校各部门开展高效的德育工作，真正落实立德树人的教学任务。要想顺利开展育人活动，落实德育工作，需要加强高校全体老师育人意识的整体宣传，学校要为学生创建良好的学习氛围，加强学生的品德教育，培养学生的创新能力。学校可以开展相关的德育实践活动，为学生创建积极向上的校园环境，采取多样化的教学手段，丰富校园文化的内涵，创新全员育人、全程育人、全方位育人的工作模式。

4. 加强资助学生的信息管理及统计

高校资助育人工作烦琐，信息量大且杂乱无章，导致工作人员的工作任务过于繁重，难以全面开展资助工作。创建学校内部的资助系统平台，统一处理贫困学生的信息，可以在一定程度上提高工作人员的工作效率，优化资助管理的存储路径，缩短资助工作耗费的时间。深化资助学生的信息管理及统计，可以真正帮助家庭贫困的学生，是实现资助管理高效化、规范化的关键举措。学校可以将资源与当地政府、财政部门共享，真正实现资助学生信息一体化，提升资助工作效率，减轻资助工作的负担，做好贫困认定工作，真正将资助落到实处。

二、 实施精准资助

高校家庭经济困难学生的资助工作是学生工作的重要组成部分，所以提高资助工作的时效性和质量，对于高校就显得尤为重要。应扩大高校家庭经济困难学生的资助领域，在工作中广泛传播并大力推行精准资助的思想，积极响应国家号召。

（一） 高校精准资助工作的概念与意义

1. 概念

对家庭经济困难的学生精准资助，就是精确查找受资助对象，利用有效区分的手段，提升资助与受资助者之间的契合度，将资助的作用发挥到最大化，体现在精准对象、精准需求等方面。精准对象是资助的基本前提，需求精准是资助的定位与目的，形式精准是资助的过程与方法，效能精准是资助的价值与评价。高校施行"精准资助"，就必须不断提高学生资助"精准度"，一是"资助对象"更加精准，坚决杜绝"轮流受助"现象；二是"资助力度"更加精准，避免"平均分配"现象。对象精准是精准资助的前提与基础，因而制定"精准资助"背景下家庭经济困难学生认定指标体系与评价方法就显得尤为重要。

家庭经济困难的学生由于客观因素，在心理上成为不容忽视的弱势群体，其中有些变成名副其实的身心、经济"双困生"。然而，家庭经济困难学生如何认定，一直没有一个统一的标准，这是困扰各级各类高校学生资助工作的症结。

2. 重要意义

实施精准资助是落实国家扶贫政策的必然要求。在精准扶贫思想下衍生的高校学生资助政策就是精准资助。精准扶贫、分类指导、因地制宜、实事求是是习近平总书记于 2013 年 10 月在湖南湘西考察时首次作出的重要指示。

我国近年来也曾多次强调精准扶贫的重要性。2018 年两会工作报告中再次指出，健全市县抓落实、省负总责、中央统筹的工作机制，全面推进精准脱贫、精准扶贫。

实施精准资助是助力经济困难学生的迫切需要。精准资助的实质就是在认定家庭经济困难学生时，借助科学准确的方式，对致贫、致困的原因进行分析探寻，同时为实现对学生的精准帮扶，达到供需平衡，寻找资助形式与学生需求之间的平衡点。高校在实施精准资助的过程中，家庭经济困难学生的资助工作应当建立精准资助长效工作机制，并充分落实精准扶贫政策。

实施精准资助是提升学校资助水平的有效途径。随着逐步完善的国家资助政策，高校也在逐步改进家庭经济困难学生的资助工作体系。但是在实施的操作过程中仍然存在着资助管理模式陈旧、资助方式单一、资助对象认定不标准等问题。对于资助学生的措施和方法，精准资助提出了更高的要求，精准资助是更深刻、更精确的扶贫对策，并立足普遍性看到了困难学生个案的特殊性，同时升华了高校的资助工作。借助精准资助，高校激励学生成人成才，使学生内心产生感恩原动力，更能使学生精神受助，缓解家庭经济困难学生的物质困难，从而促使资助工作发挥实效。

实施精准资助是高等教育的公平的重要保障。对家庭经济困难学生的精准资助工作，有利于实现教育公平。做好家庭经济困难学生的认定工作有利于国家资助真正落实到有需要的学生手中，保证贫困学生的教育权利公平，实现教育公平。对家庭经济困难学生的精准资助工作，有利于实现社会平等和谐。做好家庭经济困难学生的认定工作有利于促进社会公平、缩小在校学生的贫富差距，化解社会信任危机，增强贫困家庭等弱势群体对社会的认同感，为构建平等和谐社会提供有力保障。对家庭经济困难的学生进行精准资助，有利于完善家庭经济困难学生认定体系，造就诚信、公平、和谐的校园环境。做好高职院校家庭经济困难学生认定工作，实现资助工作的对象精准、需求精准、形式精准，有利于造就诚信、公平、和谐的校园环境。

（二）高校精准资助工作体系的建构

概括起来，高校对资助家庭经济困难学生实施有三个基本步骤：对象的精准识别、资助过程的针对性帮扶、效果反馈改进措施。通过"三位一体"

的管理体系，在资助工作实施的过程中，真正实现对困难家庭学生的精准帮扶，并逐步完善精准帮扶机制，形成一套完整的经验体系。

1. 构建资助对象的精准认定体系

初步识别阶段的证明材料。提交能够有效证明家庭经济困难的材料，如贫困证复印件、低保证、家庭成员患重大疾病的病例复印件、家庭主要成员身体残疾的残疾证复印件、烈属证复印件、父母下岗证或失业证复印件、家庭户口簿复印件等，初步认定该生为贫困生。如果遇到家庭遭遇突发事件或自然灾害、烈士子女及孤残学生等特殊情况的学生，认定为家庭经济困难学生时可优先考虑。

定级别阶段的定量分析。对生源所在地进行判别，是否属于自然灾害多发地，学校的收费水平、家庭人口数及学生家庭收入等影响因素，在深入收集、加工并逐个赋分影响家庭经济困难学生认定的要素时充分发挥大数据技术优势，在综合评定学生的贫困程度时则可利用定量和定性相结合的方式，确定贫困等级。

走访座谈阶段寻找真相。通过与同学的交流沟通，坚持隐私与公平相结合的原则，了解和评议学生日常消费状况。此外，为了掌握学生家庭经济状况的第一手材料，还可以在假期选择性地实地了解学生的家庭经济状况，到学生家庭所在地进行家访。为了实现全面系统地掌握家庭经济困难学生情况，可以把学生入校前填写的"学生家庭经济状况调查表"与定量分析的结果、走访调查的结果相比对。

应当动态调整和管理。大多数高校对于家庭经济困难学生都建立了相应的数据库，但是在管理数据库方面却存在着更新不及时、不到位等问题。学校应当结合学生的在校表现，通过学生再次提交的材料，每半年或一年定期调整家庭经济困难学生数据库，从而实现数据库的动态管理，对家庭经济困难学生的贫困等级和资格进行及时调整，对学生的现实表现和家庭经济变化情况充分了解。

2. 构建资助实施的精准方法体系

为了提高资助的精准性，高校应当分类实施资助和帮扶，因时因人制订资助计划，了解学生的需求差异和阶段特点。对学生致贫致困的原因进行具体分析时以准确认定资助对象为基础。可以从以下四方面实现精准帮扶：

寻根源。对学生家庭致贫致困原因进行认真分析，核实学生在资助对象精准认定过程中提供的材料，如自然灾害多发地、中西部发展不均衡、家庭发展能力不足、因病、因学等。同时为了给接下来的资助工作提供支撑，根据致贫原因对学生进行相应的分类。

探需求。根据家庭经济困难学生的不同地域和不同层次，对学生的资助需求进行科学的分析。该模型的主要依据是高等教育成本分担相关理论，可实现学生资助需求的精准探寻，通过对学生长远发展需求、基本学习生活成本、学杂费用标准、学生家庭经济困难状况进行综合考虑，分析得出家庭经济困难学生的资助需求。

订计划。减、补、勤、助、贷、奖是高校目前基本上可保证家庭经济困难学生顺利完成学业的主要资助形式。为了实现资助形式的精准化，高校可以根据不同类型的学生制订不同的计划，同时为了达到供需平衡寻找资助形式与学生需求之间的平衡点。

精准帮扶。平均用力、大水漫灌、轮流坐庄、平均分等现象在高校家庭经济困难学生资助工作中经常出现。为了实现对家庭经济困难学生精准帮扶，高校应当辅助"一减一补补差额，以五奖二助保底"，构筑以个性资助为突破、以共性资助为根本、以学生需求为着眼点、以精准化为核心的多维资助体系，并充分发挥现有学生资助工作体系的优势，实现精准资助的核心精准帮扶。

3. 构建资助过程的精准管理体系

资助工作的目标和高校的办学宗旨就是立德树人。高校的资助工作要实现教育与管理育人的结合，而不仅仅是保证学生正常完成学业。这方面的工作主要包括以下三点：第一，充分结合思想引领和资助管理育人，高校资助育人工作要实现价值塑造与资助工作的思想引领的结合，促进学生的成长，加强对学生的社会责任感、感恩、诚信和励志教育，树立资助典型，培育学生树立正确的价值观、世界观，同时也要与教育教学科研、思想政治教育相结合；第二，充分结合育人研究和学生资助工作，为了实现资助育人的目标，更新人才培养模式，探寻人才培养的方式和方法，结合高校人才培养目标，并使资助工作者充分认识到资助工作育人的重要性，组织其学习法律法规和资助政策，加强培训和教育；第三，为了使学生从根本上解决家庭经济困难的问题，提升学生的综合竞争能力，高校应当结合学生的长期发展，在经济帮扶的基础上，树立发展性资助的理念，有效地结合发展资助和物质资助。

以现代管理思想和管理方法为解决方案，在资助家庭经济困难学生的过程中，以资助体系的发展和资助对象的发展为目标指向，以公平原则和效率原则为价值追求的资助观念形态。目前，学生资助工作正处于转型期，首要问题是如何真正实现精准资助，借助"两个结合"的资助管理方式，寻、探、订、帮扶的资助方式，以及四步走程序的资助对象认定来基本实现。为了在大学生健康成长中发挥资助工作不可替代的作用，进一步提升高校学生资助工作水平，完善资助工作体系，高校应当加强对资助内容的研究，将理论融入实践，并明确资助精准。

4. 建立师生民主监督意见反馈机制

高校要建立师生民主监督意见反馈机制，推动资助工作的顺利开展。高校资助育人工作的推进，需要多元化的力量共同协作，充分发挥各个教学部门的作用。学校可以成立专门的育人工作小组，由宣传部门、学生处、科研处、团委部组成，统筹育人工作，细致划分岗位职责，制定相关工作细则，明确具体工作流程，促进各部门之间的管理协作，创建完善的育人格局。教师应该立足教学实践，创新教学手段，应用多样化的教学方法，及时解决资助育人工作过程中的问题，把握教学手段的适用范围及使用对象，推动思想政治教育的发展进步。随着时代的发展，教师在教学过程中，要引导学生分辨不良网络信息，抓住契机，提高贫困学生的自主学习能力和思想道德修养。信息技术、互联网的普及，以及移动式设备的应用，对教育产生了重要影响，教师可以利用现代化教学设备，加强育人的针对性。高校可以利用互联网，开展线上育人活动，建设移动式学习模式，学生可以通过互联网加强与教师之间的互动。与此同时，使用现代化的教学手段，可以有效拓宽资助育人工作的创新路径，教师要充分发挥现代化教学设备的作用，落实教学目标，发挥育人工作在高校教育过程中的重要作用，实现教学意义。高校要立足贫困学生的具体需求，合理增加教学设备，开发与教学相关的软件，加强育人工作物质载体的针对性。

5. 建立资助育人的诚信追责机制

高校资助育人工作烦琐，信息量大且杂乱无章，导致工作人员的工作任务过于繁重，难以全面开展资助工作。创建学校内部的资助系统平台，统一处理贫困学生的信息，可以在一定程度上提高工作人员的工作效率，优化资助管理的存储路径，缩短资助工作耗费的时间。深化资助学生的信息管理及统计，可以真正帮助到家庭贫困的学生，是实现资助管理高效化、规范化的关键举措。学校可以将资源与当地政府、财政部门共享，真正实现资助学生信息一体化，提升资助工作效率，减轻资助工作的负担，做好贫困认定工作，真正将资助落到实处。学校可以创建弄虚作假诚信追责机制，对弄虚作假的同学做出相应的惩罚，小惩大诫。

（三）高校精准资助工作体系的应用

1. 在资助对象的认定上注重定量与定性相结合

家庭经济困难学生的认定体系，对于资助对象的选择是一个关键。对家庭经济困难学生的可量化认定标准进行明确，设定具体的量化指标时，从生源地、家庭，到学生个人等方面，详细了解学生是否享受其他救助，是否属于孤残、困难生，困难生所在地的经济发展状况等情况。政府层面应完善学生资助数据库的建设，对接民政、残联、学籍等教育数据库，从而减少学生申请材料中可能存在的不真实性。除此之外，还应针对有些家庭经济困难学生存在的细腻敏感心理及自尊心强等特点，对相关数据实施动态管理，建立家庭经济困难学生档案，找准资助对象。

2. 在资助实施的方法上满足学生个性化需求

在实施精准资助的过程中，由于家庭经济困难学生的需求不同，一定程度上资助的成本比较高。所以，仅靠国家的财政资金，切实帮扶急需帮助的学生在资助资金方面是远远不够的，高校要为困难学生提供假期实践平台，在校内通过激励机制引导社会和企业设立奖学金、助学金，充分利用好合作企业资源和校友资源，广泛吸纳社会力量的支持。比如，励志感恩资助和经济资助可以针对一、二年级学生，就业和创业资助则可以针对三、四年级学生。与此同时，为了由无偿的物质资助转变为鼓励公益性资助，由简单勤工助学转变为支持创新实践资助，高校还应当根据学生的特点和专长开展特色资助服务，创建特色资助项目。

3. 在资助管理的手段上建立信息化工作系统

对资助对象的基本特点有充分的了解是做好精细化管理的首要条件。开展帮扶工作的实际过程中，要以爱为原动力，做好资助工作流程的规范化和标准化，同时也要注意保护学生个人隐私和兼顾公平性，对各类奖助学金评审的各个环节进行严格的规范，并制定详细的工作细则。信息化管理系统的内容应包括学生校内外实践、参与科研项目、在校园的学业成绩、消费数据等。为了保证精细化的管理服务，还应当对受助学生的个人档案进行科学合理的分析。使学生成为有担当有理想的有为青年，是提升受助学生的综合素质是精细化管理的目的所在。为了使受助学生全面发展，激发受助学生自我提升、自我发展的积极性，要求学生要想达到后续的资助必须要在受助期间达到相应的目标，并为受助学生设立专业技能、公益实践及学业等方面的目标。

精准资助是高校学生工作的重要组成部分，通过对精准识别、定量分析、发展性帮扶等相关理念的提出，希望在具体实施的过程中，高校可以结合学生长期发展的需求，将发展性资助落实到位，在提升学生综合竞争能力的同时，实现高校精准帮扶的目标，为贫困学生求学开拓一条绿色通道。

三、 传递励志感恩

感恩是我国的传统美德，古代圣贤一直主张要知恩、感恩、以德报德。感恩教育，即采用感性方式让学生感受到他人、社会及自然对于自己的"恩"，在此过程中逐渐形成正确的人生观、世界观及价值观的教育形式。但是在当前社会环境下，贫困让部分家庭经济困难的学生提前感受到了人情冷暖，从而在性格上可能有点偏激和执拗，严重的可能会出现盲目攀比、追求享受、浪费青春及超前消费等不良行为。基于某种角度分析，这些也是不懂感恩的表现。

（一） 感恩意识淡漠的表现方式

国家、社会、学校及家庭在对于贫困大学生实施经济资助过程中，对于被资助学生存在的感恩意识和行为缺乏等问题，也需要给予相应的感恩教育，但是当前感恩教育的实施效果并不理想。在与高校资助中心教师交流的过程中发现，当前经济困难学生感恩意识淡薄主要表现在以下几个方面：

1. 不知恩

部分经济困难学生在得到社会、国家、学校的资助后，将其看成是理所当然的事情，甚至认为只要自己的成绩好，资助本来就应该是自己的；另外一部分学生认为，自己获取资助是在帮助资助方获取好名声，因此双方互惠互利，彼此之间没有恩惠一说；还有一部分学生抱怨社会不公，把获取的资助看成是对自己的屈辱，不愿意提起，更不愿意去感恩。以上行为的出现均是因为他们没有对"恩"达到最基本的认识。

2. 不感恩

当前很多家庭经济困难的学生，对于父母、教师及同学很少有感恩之心。就算部分学生能够认识到自己获取的资助是社会或个人给予自己的恩惠，内心依旧冷漠。在对一所高校资助中心的教师调查发现，学校一直在努力拓展社会资助渠道，与更多的企业合作，获取更多的资助，以实现对学校家庭经济困难学生及时提供帮助，但是大部分学生在获取资助后很少有感激之情，学校没有收到过一封感恩信，学校将资助方电子邮箱告诉学生，主动联系资助方的学生也非常少。此外，还有学生争着抢着要资助金，他们从来没考虑过其他更需要资助的学生。

3. 不报恩

在学校开展的资助金颁发仪式上，学校对获取资助学生的要求一直是好好学习，未来好好回报学校、回报社会、回报家长。但是部分获取资助的学生一直以来都是不断的索取，从没有想过奉献。部分家庭经济困难的学生受家庭因素的影响，通常具有极强的自卑心和自尊心，对于学校中穿名牌、用高档用品的学生具有崇拜心理，甚至尽自己最大的努力去模仿，导致获取的资助金被浪费在学习之外的地方。

4. 忘恩

部分学生在获取各种资助后，不仅没有报恩，反而出现忘恩行为。部分家庭经济困难的学生通过贷款完成自己的学业后，出现不偿还贷款的行为；部分学生在毕业后对于学校催交学费及贷款表示无法理解，甚至出现不满情绪，对母校产生厌恶感；部分学生在毕业工作后，得到出国深造的机会，但是在学业完成后拒绝回到原单位；有企业为毕业后来自己单位工作的学生垫付学费，但是学生在工作一两年后便辞职跳槽，并拒绝归还企业为自己垫付的学费。

感恩一直是我国的传统美德，对于个人来讲也是具有健康人格的基本表示，如果没有一定的感恩之心，就会对个体的人生发展和社会精神风貌的形成有一定的不良影响。

（二） 经济困难学生的感恩教育对策

感恩不但是一种美德，在埃蒙斯对感恩的定义中，还将其看成一种自觉性的表现，要让人们认识和承认自己受到的帮助，承认给予自己具有代价性的帮助，并且这一帮助还需要对受益者存在价值。感恩不单单是一种与生俱来的品质，通过教育过程也能够使人们发现生活中的各种美好，及时发现别人给予自己的帮助，并回馈以感恩的目光，在自己内心形成感恩意识，培养良好的品德和责任，长此以往自然会外化成为报恩行为。基于某一视域分析，家庭经济困难学生一般处于被施恩地位，因此在对其实施感恩教育中，具有更为重要的意义。感恩教育能够将这一被动接受逐渐上升为自己的精神动力，转变为主动行为，实现自我成长，并学会感恩、学会回报社会，只有这样才能够实现资助的最初目的。在经济困难家庭学生资助过程中，要不断强化感恩教育，可以从以下几方面着手：

1. 感恩社会， 回报党和政府的关怀之恩

长期以来，我国党和政府对于家庭经济困难学生的学习和工作非常重视。在辅导员工作中，通过各种渠道及多种教学方式，实现对学生的感恩教育，指导学生具有感恩之情，经常做感恩之事，逐渐提升学生的社会责任意识。在社会环境下，还应该尽自己所能帮助需要帮助的人，用自己的实际行动回

报社会、感恩社会。

2. 感恩父母，回报父母的养育之恩

在教育过程中，对于家庭经济困难的学生，辅导员应该引导学生正确认识自身的家庭贫困，不能将贫困的原因全部归结为父母或自身，还可以引导学生计算家庭的经济账，实现学生对家庭实际情况的了解，感恩父母的付出。在一些节日中积极开展感恩教育或感恩专题活动等，培养学生的感恩意识，充分认识生命的珍贵和亲情的美好。在教育过程中，让学生学会孝敬父母、尊敬长辈，实现对中国传统美德的传承。

3. 感恩教师，回报教师的教育之恩

辅导员在对学生教育过程中，要采用实例让学生认识到广大教师在为他们办理贷款及相关资助手续中提供的帮助，与学生做好沟通交流，让学生认识到教师的辛苦，学生所取得的每一点进步都有教师辛勤的付出。辅导员要引导学生感恩教师的谆谆教诲和辛勤培育，学会尊敬师长，弘扬尊师之道。

4. 感恩同学，回报同学的帮助之恩

在学校对各项资助金评定中，同学之间存在竞争关系，严重的甚至会对同学之情造成损害。辅导员在教育过程中，需要基于这一情况实施相应的教育，让广大学生认识到同学之情在人生中是一笔宝贵的财富，必须学会感恩每一位关心和帮助自己的同学，互帮互助，赢得友谊。

高校针对经济困难学生的感恩教育，是一项复杂的工作，而且教育对象本身具有一定的特殊性，因此在教育方法上，要针对家庭经济困难的学生特点实施创新。通过社会、学校和家庭的共同努力，基于小处着手，形成共同合力，塑造广大经济困难学生的健康人格，促进经济困难学生的健康成长及成才。

（三）"一元钱"工程感恩教育实践

1. "一元钱"工程感恩教育活动

"一元钱"工程由浙江财经大学党委副书记王宇航发起，于2010年4月启动，他倡议全校师生每月捐赠一元钱，成为一笔助困基金。在校生若遇到突发困难，可以申请资助。目前，"一元钱"工程共募得爱心基金近100万元，全部来自该校师生的捐赠。自"一元钱"工程推出后，校学生处、团委

在学校内设点，并发出捐赠倡议书，号召师生每月捐一元，奉献爱心。其实，一元钱工程启动到现在已经 10 年多了，在影响力扩大的同时，活动的形式也越来越多样化。最初是号召大家主动捐款，而现在很多学生通过义卖书画、回收可乐瓶、拍摄青春写真照等，为学校的"一元钱"工程募集资金，帮助需要帮助的人。这一活动自推出后，受到了广大师生的热烈欢迎，其他学校也纷纷效仿。

2. "一元钱" 工程感恩教育活动实践策略

在这一活动推出后，学校还举办了"一元钱"工程专场拍卖会，以筹集善款。学生社团——金石至诚拍卖行主持了此次拍卖，拍卖的物品多数出自学生之手，比如学生亲手缝制的十字绣和绘制剪裁的明信片，还有社会上搜集来的书画、剪纸等，其中，绣着"为人民服务"的十字绣成了抢手货。这项活动促进了受助学生参与的积极性。

在筹划该活动时，为什么倡议只捐一元，而不是十元、一百元呢？发起人王宇航副书记曾经也进行了深入的思考，并提出金额并非最重要的，奉献爱心的关键在于坚持，每个月只捐一元，就是希望学生能养成捐赠的习惯，帮助需要帮助的人。"一元钱"工程其实是一件一举两得的事情，一些需要帮助的学生得到了温暖，而捐出一元钱的学生也受到了感恩教育。

在这一活动推广中，很多贫困学生也参与其中，尤其是那些曾经在最困难时刻受到"一元钱"工程资助的学生，非常喜欢参与筹集资金的各类活动，对学生起到了良好的感恩教育作用。

在"一元钱"中学会感恩。"不论我们以什么形式开展'一元钱'工程，都是为了呼吁全校师生奉献爱心，营造学校特有的感恩文化，并真正帮助需要帮助的人。"目前，学校也开始开展一月一期的爱心活动，让全校师生在这个氛围中学会感恩、学会关爱，从而历练出自信、有责任心等良好品格，走入社会后，无论在工作岗位还是人生道路上，都可以心怀感恩，健康成长。

第八章　行是知之始

——抒写家国情怀

学习是成长进步的阶梯，实践是提高本领的途径。

——习近平

行动是老子，知识是儿子，创造是孙子。

——陶行知

一、 实践育人环境

荀子曰："不闻不若闻之，闻之不若见之，见之不若知之，知之不若行之，学至于行而止矣。行之，明也。"马克思主义哲学认为，认识来源于实践。古今中外的教育实践证明，社会实践是教育与生产劳动相结合的基本形式，教育与社会实践相融合是历史和时代的必然选择。

（一） 实践育人的基本内涵

实践育人是根据社会需要培养全面发展人才的一种新型育人方式，具有实践性、主动性、整合性、开放性等特征，可分为引领型实践、教学型实践、服务型实践、认知型实践、创新型实践、职业型实践、自治型实践七种主要类型。随着新时期育人理念、育人模式和育人实践的转变，高校实践育人构建了社会、学校、学生三方互需、互惠、互联的育人共同体。在这个育人过程中，高校实践育人有效地促进了大学生的成长成才和全面发展，促进了高校的改革发展和功能实现，促进了社会繁荣昌盛和国家创新发展。

1. 实践育人的概念

实践观是马克思主义认识论的基本观点，是马克思主义哲学区别于旧哲学的显著特征。它强调实践是认识的基础，实践决定认识，是检验认识是否具有真理性的标准，同时承认并十分重视认识对实践的反作用。马克思主义哲学第一次把"实践"理解为主体能动地改造客观世界的物质活动，认为实践是人特有的对象性活动。实践是以人为主体，以客观事物为对象，并把人的目的、能力等本质力量对象化为客观存在，创造出一个属人的对象世界，具有主体性的特点。实践是主体能动地改造客体的物质活动，是有目的、有规划的人类所特有的活动。

人的实践活动都有一定的目的性。同样，大学生思想政治教育也是有目的的活动，它在带有实践性的同时还带有很强的目的性。大学生思想政治教育的实践活动包含丰富的信息和内容，是大学生思想政治教育的客观载体。界定"大学生实践育人"的概念，目的是帮助人们把"课堂教育"与主要强调传授理论的课堂教育区分开来。实际上，大学生实践教育是与课堂理论教育相对应而存在的一种教育模式，是教育者为实现预期的育人目标，在一定的教育理论指导下，以社会实践为主要教育内容和教育方式的一种手段。

高校实践育人是基于马克思主义实践观和中国传统文化的知行合一观，以育人为根本出发点，以立德树人为根本任务，遵循大学生成长成才规律和教育活动规律，坚持教育与社会实践相结合，基于实践并向实践开放，根据社会需要培养全面发展人才的一种新型育人方式。开展实践育人不是凭空而来的，而是有一定的理论基础，这些理论基础的来源就是课堂上的知识及前人的经验，也就是通常我们所讲的间接经验。通常，实践教育不像理论课教育过程那样死板，教育方式也不像理论课那样单一和循规蹈矩。实践教育比起以教室课堂为单位的理论课教育更加丰富多彩，因而能够引发学生的兴趣，激起学生参与的热情。而以实践为主要途径的实践教育的最终目的是提高学生的综合素质，让学生不仅具备一定的理论修养，而且拥有一定的实践经验，从而更加深刻地认识到建设中国特色社会主义的光荣使命，坚定理想信念，更好地服务国家、集体和人民。

实践育人是我国高校育人观的重要组成部分，与我国教育的本质及人的成长规律有着紧密的联系。当今社会各个方面的变化发展使得实践育人在高校中的重视程度节节上升。

2. 实践育人的基本特点

大学生思想政治教育实践途径有其自身的特殊性，从不同角度显示出不同特点。概括起来，大学生思想政治教育实践途径有以下基本特点：

时代性。大学生思想政治教育是为党和国家培养社会主义建设者和接班人的实践活动，事关党和国家的前途命运，事关社会主义现代化建设的全局。时代在变化，党和国家面临的形势和任务也在发生变化，党和国家在不同阶段的具体工作会有所不同，同时大学生的思想状况也在不断变化。大学生思想政治教育实践途径要解放思想、实事求是、与时俱进，用时代的要求审视面临的新形势和新任务，并相应地进行改革和创新，不断进行丰富和完善，才能达到教育效果，实现教育目标。

交互性。实践途径是连接思想政治教育实践活动的主体和受体，沟通活动目标的桥梁和渠道。通过实践途径，把思想政治教育工作者与大学生结合起来，相互作用，满足需要，从而达到目的。一方面，思想政治教育工作者可以及时掌握大学生的思想政治状况，对不适合大学生思想政治状况的教育方式进行调整和修正，增强大学生思想政治教育的针对性、实效性、吸引力和感染力，提升大学生思想政治素质；另一方面，大学生也可将自己好的想法反馈给思想政治教育者。

现实性。大学生实践育人既要坚持教育人、引导人、鼓舞人、鞭策人，又要做到尊重人、理解人、关心人、帮助人，只有始终把大学生实践育人的着眼点放在大学生生活中最直接、最现实的实际困难和具体问题上，大学生实践育人才具有说服力和现实意义，才能转化为强大的精神动力。当代大学生在现实生活中的问题明显增多，如就业困难、家庭贫困、网络成瘾、人际交往不适、抗挫能力差等。大学生实践育人必须关照大学生日常生活中的各种现实问题，通过实践途径的实施，解决大学生的现实问题，切实维护和保障大学生的权益，在解决实际问题过程中解决思想问题，不断提高大学生的思想政治素质，促进大学生的全面发展，确保思想政治工作落到实处，收到实效。

系统性。大学生思想政治教育是一门实践性很强的科学，其实践育人途径是成体系、成系统存在的，彼此间相互影响、相互渗透，共同指向教育目标。根据不同标准，大学生实践育人的途径可以分为很多种。依据实施教育的主体，大学生实践育人的途径分为外在教育途径和内在教育途径，也可以称为他教途径和自教途径。其中，他教途径包括学校的党政干部和共青团干部、辅导员、班主任、思想政治课教师和哲学社会科学课教师。依据实施育人的方式，高校实践育人的途径分为社会实践途径、校园文化途径、心理健康教育途径和网络教育途径。依据教育活动的特征，实践育人的途径划分为显性教育途径和隐性教育途径。依据作用方式，实践育人的途径划分为单一途径和综合途径。

（二）大学生社会实践育人功能研究现状

目前关于大学生实践育人功能的研究资料比较丰富，在社会实践相关研究资料中有大学生实践育人方面的研究论文、硕士论文等。研究观点总结如下：

本质原理学研究。在大学生社会实践教育功能研究过程中，不能对其实施笼统的抽象性研究，必须将其看成一个整体，其功能主要包括：同化功能、导向功能、沟通功能、发展功能及预防功能等，或者将其看成认同导向、沟通强化、预防功能等。部分学者在研究过程中，针对大学生社会实践所具备的育人功能，将其确定为引导与激励功能、提升与拓展功能、约束与规范功能、塑造与辐射功能。在以上研究中，通常将眼光集中在社会实践功能上，对其育人功能的研究不足，在研究过程中主要针对社会实践发挥的教育作用原理，即为其内在作用机理，在表述中存在显著的抽象化。

作用目的说研究。有学者在研究中提出，社会实践活动能够进一步提升高校思政教育理论课的有效性，满足当前社会环境下的创新型人才需求，加强对于高校学生的养成教育，是促进高校学生社会化发展的有效方法。还有学者在研究过程中，基于理论结合实际，把社会实践功能研究看作知识检验功能、发现功能及创造功能的研究。以上研究观点均集中在社会实践的一般性、整体性功能上，相对来讲定位比较宏观，但深度不足。

意义价值说研究。在部分专著研究中，作者以大学生社会实践意义及价值为研究主题，实现社会实践功能定位。比如认为目前人们对社会实践活动的重视，主要是受到高等教育人才培养及学生综合发展中存在特殊性的影响。

在高等教育人才培养中，社会实践必须具备一定的育人功能，从而有助于提高大学生综合素质载体的质量，也有助于显著提升大学就业率。另外，在研究中也提出，大学生社会实践活动本身具有学习性、成长性及社会性，有助于有效促进高校学生的综合发展健康成长。在实现对以上所提出的重大价值及意义分析中能够发现，大学生社会实践活动功能可以归纳为掌握、应用及创新知识的功能、推进大学生社会服务的功能，以及促进大学生全面发展的功能。

教育内容或形式说研究。部分学者在研究过程中采用社会实践思想政治教育内容来表述社会实践育人功能。例如，有学者提出让大学生在社会实践过程中接触不同的事物，基于不同现象认识及接触人生，从而树立正确的人生观、价值观及世界观，树立自己的理想，并在成长过程中实现对自身行为的规范，不断接受新的教育。从这一点可以看出，社会实践是良好的思想政治教育途径，对于培养提升高校教育质量，培养符合社会需求的人才具有重要作用。也有学者在研究中提出，社会实践要求受教育者一定要参与德育活动，在此过程中将社会和国家思想政治及道德规范逐渐深化为自己的内心财富，并建构相应的思想品德结构。还有学者提出，社会实践是广大学生对所处社会环境认识及感知的一个重要途径，在此过程中可以有效激发学生的学习兴趣，提高学生对社会的认知，并在此过程中树立正确的世界观、人生观及价值观。通过以上分析发现，社会实践对大学生的功能主要包括感恩奉献教育、理想信念教育、科研创新教育、社会融入教育等。基于以上分析结果能够看出，广大学者更注重社会实践活动中思想政治教育内容的研究。同时也有部分研究不区分功能和教育形态，并列分析教育功能及教育形态。例如，曾有学者提出大学生社会实践价值最重要的特点是丰富的教育功能，包括德育教育功能、创业教育功能、社会化教育功能及自我教育功能等。其中，德育教育和创业教育属于教育内容，自我教育和社会化教育属于教育形态。

综合效能说研究。部分学者在研究中将社会实践育人功能看成一种综合效能，包括有思想教育、能力培养、专业学习及个性完善，重点关注大学生社会实践活动的应用价值及其职能发挥，并提出在社会实践活动中的教育功能可以直接引导广大学生树立坚定的社会主义信念，提升学生的社会责任感，深化学生对于知识分子的工农结合路线的认知，从而逐渐提升学生的集体主义观念，在成长进程中逐渐培养为人民服务、主动奉献的精神，有助于培养广大学生艰苦奋斗意识，平等对待不同劳动岗位，在此过程中显著提升学生的自我教育能力，提升自身行为规范，遵纪守法，培养良好的行为习惯。高校学生社会实践活动所具有的教育功能，存在一定的独特性，能够充分体现出学生所具有的主体地位，强化学生的感性认知。为显著提升社会实践的育人功能，必须采用有效方法，消除社会实践活动中的消极因素。在以上研究过程中，相关表述虽然比较全面，但是稍显笼统，层次感不足。

通过对以上五种观点的分析能够看出，在当前研究中，对于大学生社会实践育人功能的概念认定明确性不足，普遍存在教育功能和育人功能混淆的情况，针对育人功能研究过程中未实现整体功能的区分探讨，因此研究结果的深度及层次性不足。思想政治教育功能主要包括保证功能、开发功能、导向功能及育人功能。所以，对于大学生社会实践活动来讲，思想政治教育属于其主要形式之一，即必须要有以上思想政治教育的功能。在思想政治教育育人功能的研究中，马克思主义的全面发展理论具有重要的指导价值，一方面需要强化广大学生的思想政治素质，另一方面也需要进一步提升广大学生的科学文化素养。相关文献依照思想政治教育功能的定义对大学生社会实践育人功能做出定义，引导广大学生参与到各项社会实践活动中去，培养学生的综合素质，并促进学生的全面综合发展。虽然这一定义建立在思想政治教育功能的基础上，但是并不能够充分体现其实质。关于大学生社会实践育人功能更为明显的是社会实践过程中对于学生思政素质及科学文化素质的积极影响。

在当前大学生社会实践育人功能的研究中，重点是教育机制说和平台途径说。前者认为教育机制对育人功能的发挥具有直接影响作用，具体有情景参与机制、团体互动机制、社会教育机制等。后者认为社会实践育人功能的重点应集中在提升活动开展有效性，加强运行管理，并健全相应的管理制度等。

（三） 大学生社会实践运行机制优化

大学生社会实践活动运行机制的优化，需要建立在社会实践开展问题及出现原因的基础上，严格遵循社会实践育人机理，提升大学生社会实践活动管理有效性，在开展中要坚持以提升社会实践育人过程要素运行及其调节效能为最终目标。

1. 社会实践中的问题是现实依据

大学生社会实践的有效过程主要表现为教育者及受教育者的参与积极性、广泛性、两者主体性的发挥效果、两者之间的互动性，以及社会实践活动开展中不同阶段的衔接性、完整性、系统性等，通常情况下，容易受到社会实践运行机制的直接影响。在大学生社会实践育人过程中的相关构成要素分析中，包括教育者及其施教活动，活动育人内容、形式及载体，受教育者及其受教育活动，活动育人功能发挥的社会条件等，均对以上大学生社会实践育人功能表现具有直接影响，相关构成要素之间的密切关联性，在对其调节中也直接影响相关特性的发挥。相关构成要素的构成、联系及作用方式，对其运行方式存在影响，以上相关特性没有得到充分发挥表现在社会实践运行中存在的问题。

一方面，在大学生社会实践活动运行中出现的问题，对于其运行机制具有直接影响，同时对于社会实践活动开展的系统性、高效性及合理性具有一定的制约作用；另一方面，大学生社会实践活动运行机制不足，也容易引发各种问题。所以在对大学生社会实践活动运行机制优化时，必须建立在当前运行存在的问题上，合理调节大学生社会实践活动相关构成要素，实现相关要素的优化整合及控制。

2. 社会实践育人机理是根本准则

在当前大学生社会实践活动中，大学生通过一系列教育渠道接收不同的教育信息，例如组织化教育、社会化教育、自我教育等，从而实现从知到行的转化发展，并逐渐将其转化为社会需求的思想道德素养，发挥社会实践活动的教育功能。育人机理中明确分析了社会需求下思道德素养从知到行的过程，由此发现社会实践育人机理存在客观规律性，因此人的影响作用并不明显。社会实践育人机理出现在大学生社会实践活动开展中，必须经过社会实践，才能有效发挥其育人机理作用。在大学生社会实践育人功能中，相关构成要素之间具有密切关联性，同时能够采用相应的调节控制、优化调整策略，实现对要素之间的相互制约、相互影响的关系进行改变，显著提升其应用价值。大学生社会实践活动构成要素相互作用、相互制约及相互影响，共同形成事物的运行机制。针对构成要素实施的一系列调整、控制及优化调整均属于其运行机制的优化过程。所有事物在发展进程中均存在一定的内在规定性，大学生社会实践运行建立在育人机理上，将其内在规定性合理优化。简而言之，遵循机理实现运行机制的建构，即在实现对社会实践育人过程的调整及控制，引导广大学生适应相关教育要求，深化理解相关教育内容，实现相应内容的迁移分析，提高学生在社会实践中的参与积极性，有效发挥从众及感染的作用，充分应用示范及模仿效应，改善学生社会实践中存在的各种矛盾及冲突，引导广大学生积极实施个体体验，促进学生的验证与筛选、强化与升华、反省与纠错等不同心理变化，完善学生心理感受及体验，对于实现大学生个体思想政治品德社会化发展具有重要作用。

3. 基于社会实践全过程管理是基本手段

在控制论研究中，有些事物在发展进程中很难依照预定目标发展，因此需要采用相应的措施对其发展过程进行管理和控制。过程管理即结合预定目标，针对某一过程实施具有影响作用的行动，包括构成要素、组成环节及不同阶段等，为预期目标的实现提供保障。大学生社会实践活动是一项开放性动态过程，为了实现其运行中的育人目标，需要采用有效手段实现相应的教育决策，包括组织、领导、控制及协调等方法，有效解决运行中出现的各种问题，保障实现教育目标。在大学生社会实践活动的过程控制中，基于教育既定的目标，对活动执行计划中存在的相关影响因素均需要实施有效监督管理，及时检查在目标实现过程中出现的偏离目标状态及程度，及时采用有效的纠错方法，从而引导其依照预定目标进行发展。比如，大学生社会实践活动开展过程，具体可以分成三个阶段，分别为准备启动、组织实施和评价反馈。依照管理程序及有效手段，实现对大学生社会实践活动开展全过程的监测及跟踪、信息搜集与分析，结合搜集信息的分析结果制定相应的调整方案，并对社会实践活动育人功能中的偏移进行修正，纠正不符合实现预定目标的行为，有效保障实现预期目标。在以上所采用的一系列管理程度、管理措施及管理手段中，包括信息检测及跟踪管理、信息搜集及分析，均属于大学生社会实践活动运行机制的主要组成部分。所以，实践过程管理的有效性，可以看成是大学生社会实践活动运行机制优化的标准及目的。

4. 优化运行机制是必然策略

优化运行机制，即针对大学生社会实践活动育人过程中相关构成要素之间的相互影响、联系及制约关系实施一系列的优化调整，主要包括对其运行顺序及程序调整、系统优化建构、结构比例实施重构等。保障各项构成要素均能够在运行系统中协调发展，充分发挥不同要素的应用价值，以保障不同要素个体和整体效能共同发展，在活动开展中实现要素运行和调节方式的"最大公约数"，即实现效能最大化。想要保障实现效能最大化，首先要保障实践活动中各要素发挥作用，确保各要素自身功能作用实现最大化，如果只是盲目对其中一个或几个要素实现效能最大化，而对其他要素的考虑不足，就不能说是实现效能最大化。另外，需要提升对社会实践育人过程中矛盾发展趋势的关注度，并将解决矛盾作为主要目标。基于矛盾为事物发展动力的角度，在针对运行建构及优化过程中，不但要重视基本矛盾，也要实现对具体矛盾的有效把握。在社会实践育人过程中，具体矛盾本身具有一定的动态性及复杂性，针对这一问题，一方面要实现对育人过程中构成要素矛盾的有效把控，另一方面要实现对育人过程各个环节及阶段具体矛盾的重视，以实现对整个系统的整体统筹兼顾，全面优化。在社会实践育人过程中实现其效能最大化，并不是指其中的每个要素均实现各自价值最大化，而是实现整体效果的最大化，此即社会实践育人功能最大效能的判定标准。

大学生社会实践运行机制主要可以分成四个部分，具体为社会实践动力和发生机制、保障和整合机制、控制和监督机制、评价和激励机制，不同部分相互影响、相互作用。

二、 打造实践熔炉

在大学生实践能力培养过程中，社会环境及高校教育理念对其具有直接影响，加大教师的引导作用，并充分发挥学生的主体作用，在教学中加大对大学生实践能力培养策略的研究，将高校打造成为实践熔炉，不但能有效提升大学生的实践能力，而且有助于实现现代高校人才培养目标，对于满足现代社会人才需求及提升人才质量具有重要意义。高校大学生实践能力的培养可以从以下几方面着手：

（一） 采用弹性学分制

教育部在《关于进一步加强高等学校本科教学工作的若干意见》中明确提出要求：必须加大高校课程体系、教学方法及教学内容的创新发展，实现课程架构的再构，提升选修课程所占的比例，加大弹性学习制度的建设和应用。在我国高校教学中，学分制是一种新型教学管理制度，即在学生考核中采用学分形式。学校结合学生在校期间所选课程的课时数，包括实验课时数，对学生实施学分评估。学生依照相关规定将自己的学分修满之后即可以毕业，获取毕业证书。

学分制管理模式在美国等西方发达国家高等教育管理中的应用已经非常普遍，对于我国采用弹性学分制管理具有重要的借鉴价值。在高校管理模式中采用弹性学分制，能够有效改善学年制管理存在的弊端。在教学中可以适当提升选修课的比例，并逐渐增加开展边缘学科，积极引进最新科技成果，结合学生自身存在的差异，对其实施针对性教学，丰富教学方式，提高学生在学习中的主体地位，引导学生结合自身优势发挥个体主动性，基于社会需求选择自己的专业及发展方向，基于此在高校教学中才能真正实现因材施教、因需施教，从而在此过程中提升广大学生的综合能力，有助于培养学生的创新意识及实践能力。

在素质教育中，学分制教学管理模式的实施具有重要作用。开展学分制必须要建立在教育部颁布的《普通高等学校本科专业目录》基础上。在学分认定中不但要实现学时量的积累，同时也需要有效实现与能力对应的质的提升。在管理过程中，重点是要实现理论课程、专业基础课、公共基础课及公共选修课等课程的比例设计，同时也需要采用绩点学分制来记录学生的学习成绩，如果学生较早修满学分，那么可以适当提前其毕业时间。弹性学分制教学在实施过程中，不但有助于提升学生的学习主动性和积极性，促进学生个性特点的发展，而且在对学生创新意识培养基础上，有助于进一步提升学生的实践能力，为大学生健康成长及其成才奠定基础。

（二）建构高质量教师队伍

1. 提升教师实践能力

在高校教学过程中，提升广大教师的实践能力，对学生实践能力的发展起一定的促进作用。在当前社会环境下，素质教育是我国教育的主要发展方向，各个高校也充分认识到了实践教学的意义，逐渐提升了专业实践教学比例，并开始注重提升对学生创新意识及实践能力的培养。想要基于社会需求实施人才培养，提升高校实践教学效果，体现实践教学特色，就必须要求高校教师具备一定的实践教学能力，为提升学生的实践能力提供条件。

在高校教师实践教学能力研究中，必须强化"四能""三字"及"一话"训练。"四能"训练，主要是指对教师第一课堂实践技能、教学研究技能、辅导员工作技能及现代教育技术运用技能的培养；"三字"即教师必须提升粉笔字、钢笔字及毛笔字的书写规范性；"一话"即教师在教学中必须能用普通话准确表述。只有在对广大教师专业技能显著提升的基础上，才能够实现教师对学生实践能力培养的指导和引导作用，建构具有一定专业技能和实践能力的教师队伍。

注重提升教师的实际操作能力。当前我国大学生实践能力偏低的原因主要是在教学中普遍存在对实践重视不足，重理论、轻实践；重课堂、轻课外等问题，导致学生没有太多的机会锻炼动手能力。另外，教师的实践意识薄弱普遍存在，教师实践操作能力及研究能力不足，没有对学生的实践意识培养起到引导作用。想要对以上问题进行改善，首先要求教师具备一定的实验操作能力，并逐渐积累实践经验，尤其是在实验教学中一定要以高度的责任心去对待，保障学生在实验室中完成实验课题及课程设计，引导学生在学习中将实验室看成第二课堂。学校应该保障实验室全天开放，为学生动手操作能力的培养提供条件，同时提升实验室的有效利用率，以此显著提升学生的综合实践能力。

注重提升综合性及设计性实验比例。教育部颁布的《面向二十一世纪教育振兴行动计划》中明确规定，必须加强教学内容更新机制，注重提升课程设置中的实践性，提升实验课程，注重学生操作能力的培养。传统教学中，对于学生基础性实验比较重视，重点是引导学生掌握实验基本方法、实验原理、仪器使用方法等，学生在教师的引导下完成实验基本流程即可，在此过程中根本无法激发学生的创新意识，更无法培养学生的实践能力。在素质教育环境下，一定要建立研究型教师队伍，对学生实践起到引导作用，教师研究水平对于学生研究能力的提升具有直接影响，因此教师应该在综合性、提高性及设计性实验过程中，注重强化学生分析能力、观察能力及创造能力等综合能力的培养。

强化校内外实习指导。在高校教学中想要培养学生的实践意识，提升实践能力，就需要强化校内外实习基地建设。在传统大学生社会实践过程中，通常是通过学生的个人关系及能力去寻找实践单位，由此也就导致学生的实践教学基地相对比较分散，教师无法对其实施有效的指导，对于学生在社会实践中遇到的问题也无法在第一时间提供帮助，还有一部分学生根本没有参加社会实践。想要改善这一问题，高校一定要重视校内外实践基地的建设，并实施规范化管理。对于部分与学校专业对口并具有一定规模的企业、单位，可以将其发展为学校的实习实训基地，使学生集中进行社会实践，这不但为企业或单位对学生实际能力提供了解的机会，同时也能够适当延长学生的实习期，从而有效提升学生的专业能力及综合能力。此外，也是最为重要的一定是教师自身必须具备丰富的实践经验，同时具备较强的专业能力，在现场给予学生指导，培养学生的实践意识。

2. 实施导师制，提升人文关怀

我国高校招生规模逐年扩大，为能够进一步强化学生教育管理，培养广大学生的综合素养，高校在学生管理中采用班主任制度或辅导员制度基础上，也提倡采用导师制。导师制能够积极贯彻以人为本理念，真正满足学生需求。在学校管理中，要培养学生的创新意识及实践能力。必须选择具备较高专业技能及思想道德素养的教师作为导师，导师的基本工作即强化学生的思想教育、生活和学习辅导，并给予学生切实有效的职业指导，主要为思想指导及学习指导。导师在对学生实施思想指导的过程中，能够有效把握学生的思想变化，引导学生在学习过程中树立正确的人生观、价值观及世界观。学习辅导中，导师能够对学生实施有效的思想教育，引导学生在学习过程中端正学习态度、树立学习目标，并掌握有效的学习方法，提升学生的学习积极性，最大化挖掘学生的学习潜能。在导师针对学生实施"传、帮、带"的过程中，一方面能够实现对学生学习基础知识的有效巩固，拓展学生的知识面，充分了解自己所学习专业的发展方向及前沿知识；另一方面，对于学生实际工作能力及科研创新能力培养也具有一定引导作用。生活辅导，即引导学生在最短的时间内适应大学生活，并培养学生良好的生活习惯，学会积极改善自己的生活质量。特别应对学校中的经济困难学生给予一定的人文关怀。职业指导，即对学生职业选择及规划起到指导作用，让学生掌握一定的择业技巧，学会理性选择职业，并逐渐培养自己的职业兴趣，以提升职业适应能力，奠定就业基础。

导师制在实施中需要结合学校和人统筹安排。最佳安排是在新生入校之际，院校即可以公布导师指导学生名单，并且安排导师和学生见面沟通，制订相应的指导计划及内容。导师制的开展有助于促进师生交流，实现教学共长。师生沟通不但能够实现教师的言传身教，有效激发学生的求知兴趣，培养求知欲，而且能够及时全面地了解学生的需求，在此过程中提升自身责任感，有助于优化教学设计提升教学质量。

导师制在应用中的重点是建设一支专业的教师队伍，这支队伍不但要具备一定的道德素养，而且要具备一定的专业能力。导师是教师，但是并不是所有教师都能成为导师。在学校中开展导师制，能够形成浓厚的校园学术氛围，为广大学生提供培养创新、创造能力的环境。

3. 强化实习基地建设

提升对广大学生实践能力的培养，需要强化实习基地建设，有效促进素质教育的全面落实。社会实习基地是大学生参加社会实践的重要平台，同时也是检验学生综合能力的场所。在高校建设发展中，必须坚持"两手抓"，不但要强化学校内部的实验室及实习基地建设，而且要加强校园实习基地建设，为广大学生参加社会实践提供条件，强化学生的实践教学，提升广大学生的实践能力。

首先，要强化校内实习基地建设。与社会实习基地相比，校内实习基地是一个缩影，为学生模拟实习提供了条件，也有助于学生向社会实践过渡。结合专业特点，学校需要建立相应的校内实习基地，为学生校内实习提供机会。例如，部分高校建立了模拟法庭、模拟酒店及模拟财税等基地。在基地中，广大学生能够基于教师指导进行角色扮演、业务模拟等相关工作，开展实战演练，将自己所学的专业知识应用到实际工作中，从而提升自己的实践能力。校园实习基地建设，不但能够减少学校的部分实习经费，节省精力，同时也能够实现对学生实习的集中管理，有效实现学校资源的共享，提升资源有效利用率。

其次，强化校外实习基地建设有助于提高就业率。随着我国招生规模的不断扩大，高校毕业生就业难问题日益严峻，为提高学生的就业率，必须强化学生的实践能力培养。高校可以将社会企业作为学生实践能力培养的重要基地，与社会企业建立相应的联系，依照学生情况和企业需求安排不同数量的学生去校外企业实习。校外实习基地建设，不但有助于缩短学校和企业的距离，便于学校综合了解企业人才需求，实现对学校教学方案的合理调整，实现教学改革；同时也能够将企业视作学校的一个宣传窗口，实习过程中企业能够了解学校学生情况，为学生就业提供新的机遇。比如部分院校已经建设了示范教育实践基地、电子设计创新实践基地、旅游模拟实践基地等，这些实习基地的建设均为培养学生实践能力提供了平台。高校在教学中也需要基于实习基地，强化学生的实践能力培养，提升学生的实践能力，在实践基地中积极派遣和组织教师和学生开展不同的训练方案，强化培养。在此过程中也能够形成良好的学风、校风，为学生了解社会企业环境及人才需求提供机会，从而引导学生结合企业需求，提高自己的专业知识，并不断提升自身的创新实践能力，为之后的就业奠定基础。实践基地建设，能够有效提升广大学生的实践能力，实现对学生实践能力的检验分析，并在此基础上进一步提升学生的综合能力。

（三）强化校企合作制

在校企合作的开展过程中，体制和机制是推动的保障。相关机制体制的构建，必须兼顾企业和学校之间的关系。所以，在构建校企合作相对应的实践性人才培养机制中，必须构建起与实践性人才培养相关的、完善的、科学的和与经济发展相符合的运行机制和管理体制。

1. 制定明确的培养目标

实践型人才不能仅限于特定的专业，其本质特征是与市场需求紧密对接。由于市场不断变化，高校应该具备让自己的人才培养随着需求的变化而进行持续调整的能力，这就是高校人才培养的敏捷性。从人才培养的供需关系视角看，地方本科高校向实践型转变的实质也可以理解为对人才培养的供给侧进行资源配置结构的改革。

实践型人才指掌握专业知识、基础理论，有解决实际问题的能力，能够承担专业技术管理和分析研究工作，具备良好职业素养的高层次复合型人才。校企合作在师资队伍、质量标准、教学理念、培养目标、课程设置等方面都要重视培养质量。具体来讲，应用型人才的培养必须重视创新精神的培养，学生需要进入项目中，将自己当作"企业家"和"经理人"，自觉融入更加先进的企业文化中，积极主动拉近与市场之间的距离，聆听处于改革前沿专业人士传授新的知识，积极掌握市场的动态，对市场变化的规律及当前的行情进行分析和判断，培养自己的创新意识。同时还应当重视对实践型人才实干精神的培养，但必须让这些学生具备相应的基础理论知识，并且具备将这些理论知识和科研成果转化为解决实际问题的能力。在学习结束之后，学生应当提交代表其能力的研究报告或论文等，在学业完成之后获得相应的学位证、毕业证等，为之后的就业奠定基础。

2. 改革课程体系

校企合作实践型人才的培养，必须结合学校人才培养的目标和学校的办学思想等，对以往重视理论轻视实践的教学和课程设置模式进行改变，增加实习课程、实训及实践的比重。在调整课程的过程中不仅需要重视基础理论，而且需要重视实践能力和应用能力的培养。在设置基础课程的过程中必须结合高端实践型人才的培养目标，由于学生所学专业不同，性格特点、兴趣爱好等都存在差异，因此还应当结合学生的专业，重视不同学科之间的知识渗透，构建起更加科学有效的课程体系。校内课程一般需要在学校内完成，主要由学校的老师对学生开展理论知识的教授，使学生掌握更加扎实的理论基础，使其具备发展潜力。实习课程则需要到校企合作建设的实习基地中进行，主要是由校外的导师负责培养学生的实践能力，使学生适应社会需求的水平得到进一步提高。学校应当重视对教学模式的创新和改革，与多种社会资源、多个企业联合构建校企实践基地，还要充分利用实习基地，采用分散实践和集中实践相互结合的方式，其中集中实践的时间原则上不应少于 1 年。实践基地和实习基地的形式有很多种，主要设置在合作单位的实习基地。学生的实习工作一般由校外的导师来安排，采用双重指导的模式，确保在实践教学开展的过程中各项实践教学活动能够顺利开展。在实习开始之后，与高校合作的企业需要制订专门的实习计划。在学生完成实习之后，实习单位需要根据学生在实习过程中的表现填写鉴定意见。学生则需要交实习报告和经验总结等，毕业论文专题研究报告需要在校内老师的指导下完成。这种模式将企业和学校之间有效地联系起来，加强全过程的服务和质量管理，有效保障实践教学质量。

为了使企业参与校企合作的动力得到有效激发，高校必须加强自身的能力建设，使自身的科研水平、服务水平和教学水平都得到提高，从而使高校在校企合作中资源的互补性得到有效增强。高校在与企业开展合作的过程中，从以下几个方面进行调整：根据企业实际用人需求对本来的实践教学计划进行调整；校企合作所构建起来的综合培训基地，不仅是学生开展实习和实践课程的地方，而且是企业职工培训和职能鉴定的地方；学校需要借助当前自身的科研机构和水平为企业提供更好的服务和技术研发；学校可以将校内一些水平较高、经验丰富的骨干教师派遣到企业中开展讲座，为企业提供更加多样化和全面的技术服务；与高校合作的相关企业应开展专门的技术攻关，同时还应当采用构建完善制度的方式对校企合作中的约束性问题进行有效解决，从三个不同的方面对组织基础上的相关制度进行完善，比如成立校企合作委员会、办公室或专业指导委员会等，这些机构的设置都是专门为校企合作中一些具体项目和活动的开展提供条件的。

构建模块化的课程体系可以有效解决人才培养品种规格的多样性与办学成本之间的矛盾。在一个专业平台模块上搭建多个专业分流模块，形成多样化的专业或专业方向。此外，模块化课程体系把零碎的选修课组合成为模块，学生按照模块选课，避免了无序的选课，提高了学习效率。同时，灵活多样的选修模块既可以为学生提供在规定学分内完成主辅修的机会，又可以用更加灵活的方式实现在本学科内的纵向拓展和跨学科的横向拓展，还可以为学校与企业合作共同开展产教融合模块提供平台。

3. 提高企业的参与度

积极关注企业需求。当前在人才应用方面存在这样的问题，即学校培养的人才与社会需求严重脱节，人才培养与企业实际需求之间出现的阶段性矛盾已经成为企业在实际发展过程中一个难题。企业之所以参与人才培养的积极性越来越高，主要是因为对人才的需求比较大，而且不同企业之间在人才方面的竞争很严重，可以说人才资源成为企业参与校企合作的重要推动力量，也成为校企合作在后期顺利开展并长远发展的重要基础。企业属于独立核算、自主经营的重要经济组织，在出现人才空缺时，企业解决这一问题的方式一般有两种：第一，从人才市场引进新的人才；第二，在公司内部进行人才培养。企业在市场竞争过程中属于重要的主体，而在市场竞争当中想要持续获得竞争优势的源泉就是人力资源。这也就意味着企业必须获得合适而且关键性的人力资源，才可以为其今后在市场竞争中更好的生存和发展奠定坚实的基础。

虽然当前高校在实践型人才的培养和企业对于实践型人才的需求方面存在差异，但是校企合作开展人才培养对于二者而言都是共赢模式。企业必须积极关注自身的人才需求指向，具体应当从以下几方面的工作进行改善：第一，企业进行考察，了解当前所需要的人才种类。比如可以成立专门的专家委员会，委员会中的成员可以包含政府人员、高校人员和企业管理人员、教育部门相关工作人员、行业协会的有关负责人等，深入企业的发展一线调查研究企业当前紧缺的人才种类，以及人才需要掌握的基本技能。第二，对企业所需人才强化培训，借助学校已有的智力资源优势，与委员会的专家成员共同决定培训的内容。在开展培训的过程中，应当将企业的人才需求作为培训相关工作的主要依据，对人才发展的远期规划和近期规划进行确定。第三，结合实践型人才的实际培养目标，对学校的教学内容进行改革，利用企业所提供的实践平台，让学生在掌握了基本的理论知识之后，采用产学研相结合的方式，锻炼学生的岗位技能。这是一种将实践与理论相互结合的方式，可以使学生的生产操作能力得到大幅度的提高，从而让学生的学习和就业无缝衔接。总之，这些措施可以使高校教育和企业用人的实效性得到增强，也可以使企业减少人力资源所带来的风险，参与校企合作的重要策略。

（四）加强科技创新活动

大学生学习知识的主要目的是实现知识应用和知识创新，想要实现对广大大学生实践能力的培养，就需要扩大科技创新活动的开展和参与，从而提升学生的创新意识及创造力，适应我国现代社会经济发展需求。高校中科技创新活动的开展，是培养学生实践能力的有效手段。

在高校中组织不同类型的科技竞赛活动。部分高校将学生科技活动融入学校的整体教学规划，进一步促进了学校科技活动的规范化发展。首先，团委、学生会要充分发挥自身作用，结合专业特点在学校中成立科技性、学术性社团组织，为学生之间的学术交流及科技创新提供平台，在校园中形成浓厚的学术氛围，提升学生的参与积极性。社团科技部也需要结合学生兴趣及特长，引导学生积极参与到科技创新中，提升学生的综合素质。其次，加强科技宣传力度，在校园中设立科技之窗，让学生及时了解最新科技信息、科技发展动态等。再次，学校需要针对学生实践能力及创新意识的培养，在校园中有针对性地开展相关竞赛活动，比如可以组织大学生创业计划、校内科研立项及软件设计大赛等相关活动，同时对学校出现的科技人才进行专门培训参加全国性重大比赛，比如数学建模比赛、全国"挑战杯"及各种发明创造性比赛等。在参加竞赛的过程中，学生合作意识、创新精神及攻关能力都能得到提升。

在校园中积极开展不同形式的科技讲座、交流会及研讨会等。这些活动的开展有助于开阔学生视野和知识面，引导学生走进学校实验室和实验基地，参与到各种社会实践活动中去，培养自身实践能力。在课程教学中，也需要提升课程设计质量要求，进一步提升学生上交作品的质量。另外，还可以设立大学生科技月，定期举办科技作品展等活动。在科技活动开展过程中培养学生的科研能力、探索意识，有效提升高校学生的综合能力。

在高校中，要有效实现校园文化活动、社会实践活动及科技学术活动的结合，提升学生在科技活动中的参与积极性，培养学生的科技兴趣，从而实现对广大学生实践能力及创新意识的培养。

（五） 创建实践能力培养科学机制

1. 建构实践能力培养政策保障

想要实现对大学生实践活动的有效保障，实现实践活动的特色化发展，满足当前社会对复合型人才的需求，就必须要建构相应的政策保障。高校必须建立完善的大学生实践能力培养组织管理结构，可以在学校教务处的引导下，实现对校级管理功能的宏观指导及质量管理。为学校各项实践教学管理工作的开展提供人力、物力及财力支持。在实践教学人力支持上，可以选取具有一定实践经验、业务能力强及创新意识强的骨干教师，重点完成大学生实践教学的指导工作。在实践教学财力支持上，需要提升在实践教学中的经费投入，为实践教学各项工作的开展提供经济保障，主要是满足实习基地建设、实验室建设、培训考察人员经费及实验仪器设备添置等经济需求。另外，还需要制定相应的奖惩政策，对在大学生实践教学中做出重大贡献的教师，以及在科技创新活动中取得优异成绩的学生，应给予一定的奖励，在对大学生实习成绩评估时要结合学生评优工作，并将其作为优秀毕业生的评选条件之一。

高校在管理过程中，必须充分发挥校、院、系（教研室）各级管理制度的作用，实现学校不同管理层的明确分工，在高校中建构系统畅通、高效立体的运行机制，为广大高校学生实践能力的培养提供政策保障，促进对学生实践能力的有效培养。

2. 强化学生实践能力考核

学校应针对学生实践能力培养制定相应的考核评估体系，用来检验、监督及评估实践教学质量，结合评价结果实现对实践教学的改革，并以此深化实践教学。实践教学评估主要包括检测实践教学内容、实践教学方法、实践教学效果及实践教学态度等。

在大学生实践能力培养考核评估中，一般通过对教师考核评估及学生实践能力掌握程度评估展开。其中，在对教师的考核评估中，依照学校针对实践教学质量的相关考核指标实施评估，重点针对学生的实验课及实习等开展校、院、教研室"三级检查"，在此过程中，建立相应的实践教学专项检查制度，实现对教师实践教学质量的评估。在对学生实践技能掌握程度评估时，主要是采用笔试和实验操作两种方式进行考核，不管采用哪一种评估方式，均需要及时将考核结果反馈给教师和学生，让教师和学生及时了解其不足和优势，制定相应的改善措施。

三、 书写人生华章

我国已经进入社会主义发展新时代，当前社会是激情燃烧的年代，更是青年发挥自己能力的时代。在党的十九大报告中，习近平总书记寄语广大青年，重点提出中华民族伟大复兴的中国梦终将在一代代青年的接力奋斗中变为现实，广大青年要坚定理想信念，志存高远，脚踏实地，勇做时代弄潮儿，在实现中国梦的生动实践中放飞青春梦想，在为人民利益的不懈奋斗中书写人生华章。习近平总书记所提出的期盼让人激动，不断激发广大青年在新时代新社会环境下的建设动力，同时也提出了立德树人的根本任务。在新时期，必须加强教育建设，促进社会主义的现代化发展。

其中，社会实践是大学生在改革开放中走向社会的一个很重要的锻炼环节，也是教育与实践相结合的具体体现。当今社会的竞争是人才素质的竞争，因此，要适应时代的要求，不仅要具备丰富的专业知识和高超的业务水平，更必须具备一定的综合素质。大学生参加实践活动，对德智体本身来说是课堂教育的延续。大学生积极参加社会实践，是高校思想政治教育的一个重要渠道，可使他们按着现代社会的要求健康成长。当代大学生要成为现代化建设的有用人才，就不能闭门读书，而必须敞开大门，走向社会，与实践相结合，积极投身到改革的洪流中去。社会实践能萌生责任意识，只有到实践中去，才能迸发出炽热的社会责任感，才能为社会做贡献。社会实践是教育教学内容的重要组成部分，是巩固所学知识、吸收新知识、发展智能的重要途径，它不受教学大纲的限制，大学生可以在这个课堂里自由驰骋，发挥自己的才能，开创自己的事业，充分利用在校期间的以学习为主、学好和掌握科技知识的有利条件，在社会实践中磨炼自己，真正锻炼和提高自己的实际工作和适应能力。很多高校多年来一直坚持理论与实践、校内与校外、专业与非专业等多种形式的实践活动，在实践中注意学生各方面素质的提高和实践能力的培养，培养了一大批多面手和全方位人才，充实了教学内容，活跃了教学气氛，拓宽了社会视野，掌握了实践技能，使大学生们学到了书本上学不到的知识，掌握了在学校中学不到的技术，同时也缩短了理论与实践的距离。为了适应市场经济的发展需要，促进大学生尽快成长，给大学生多创造施展技能和才华的条件和环境，必须切切实实地把实践活动纳入到教学中去。

青年大学生是最有朝气、最有梦想的一代。近百年以来，我国一代又一代的青年艰苦奋斗，奋发拼搏，始终坚持振兴中华；在中华民族伟大复兴进程中，大学生始终是奋斗的生力军，砥砺奋进，不断进取。中国共产党自从成立的那一刻起，就一直是青年的代表，重视青年，才能够为青年的成长奠定基础。

在党的十八大上，习近平总书记从中国特色社会主义的坚持及发展，实现中国梦的整体高度，基于党的长期执政战略高度，探讨了社会主义新环境下青年成长成才的新要求，并重点回答了为谁培养人、培养什么样的人、如何培养人等问题，重点提出在社会主义新阶段必须强化大学生的德才兼备，全面发展，并结合当前社会发展需求积极鼓励广大大学生能够坚持自己的理想，树立正确的人生观、价值观及世界观，刻苦学习，锻炼自己的意志，不断开拓思维，勇于创新，加强社会实践，坚持自身责任。上述思想不但明确了大学生成长成才在国家和民族中的重要性，同时也明确了广大大学生努力的方向，激励着大批大学生努力学习，积极进取，百炼成钢，勇担时代责任，敢于书写人生华章。

党的十九大开启了社会主义现代化建设的新征程，中华民族伟大复兴犹如即将喷薄而出的朝日。在此环境下，广大大学生更是恰同学少年，风华正茂，更是新时代的弄潮儿。现在大学生应该朝着"两个一百年"的奋斗目标，努力实现"中国梦"。

这是千载难逢的机遇，更是书写人生华章的重要阶段。这一历程何等珍贵，这一时代使命又是何等光荣！事业的传承，青年的力量，激情爆发，生生不息。在新时代社会主义接班人培养中，教育是重点。习近平总书记曾经指出，现代教育的重点是加大中国特色社会主义接班人的培养，不要使他们成为社会建设中的旁观者和反对派。在新时期更要坚持教育强国，坚持立德树人，将培养社会主义接班人作为根本目标，将习近平新时代中国特色社会主义思想转变为教育事业优先发展的动力，主动承担教育使命，激发广大大学生积极向上，在新时代下传递正能量，挥洒蓬勃的青春活力，体现改革创新时代特色。

大学生也要坚持习近平新时代中国特色社会主义思想，坚持刻苦学习、努力奋斗，积极创新，加强对自身实践能力的培养，坚持不懈地书写人生华章，做新时代的弄潮儿，坚持做新时代中国特色社会主义的筑梦尖兵，朝向梦的前方起航，出发！

参考文献

［1］习近平总书记教育重要论述讲义［M］. 北京：高等教育出版社，2020.

［2］曹瑞，孟四清，麦清. 中学生德育环境状况的基本判断与建议——基于 2011 年全国中学生德育环境状况的调查与分析［J］. 思想理论教育（下半月行动版），2017（11）.

［3］Morton K R，Worthley J S，Testerman J K，et al. Defining features of moral sensitivity and moral motivation：pathways to moral reasoning in medical students［J］. Journal of Moral Education，2016，35（3）：387－406.

［4］杨泰，李德福，马倩. 加强高校校园文化建设、优化学生德育环境［J］. 牡丹江师范学院学报（哲学社会科学版），2016，17（3）：87－88.

［5］綦荣亮，巴海强，薄万民，等. 中学生德育教育中校园环境建设的作用研究［C］//十三五规划科研成果汇编（第六卷）. 2018.

［6］陈磊，朱美芬. 论爱国主义教育基地青少年学生德育心理环境建设［J］. 党史文苑（学术版），2016，12（6）：109－110.

［7］Manea A D. Influences of religious education on the formation moral consciousness of students［J］. Procedia－Social and Behavioral Sciences，2014，149（12）：518－523.

［8］课题组. 我国中小学生价值观现状及德育环境调查［J］. 思想理论教育，2018，32（12）：39－44.

［9］吴文胜. 整合学校教育资源塑造适合学生发展的德育环境［J］. 辽宁行政学院学报，2016，17（7）：138－139.

［10］Ma J C. The research of teaching environment design with moral education infiltration［J］. Applied Mechanics and Materials，2014，84（586）：2726－2729.

［11］张建喜. 高校学生生活园区德育环境探析——以寝室研究为例［J］. 山西广播电视大学学报, 2018, 13 (4): 33 - 34.

［12］刘利平, 傅景佳. 论高校学生公寓区内德育环境的构建［J］. 肇庆学院学报, 2015, 25 (4): 91 - 93.

［13］李莉, 于祥成. 大学生生活园区德育环境建设初探［J］. 学校党建与思想教育 (高教版), 2015, 19 (3): 68 - 70.

［14］San - Martín M, Rivera E M, Alcorta - Garza A, et al. Moral perception, educational environment, and development of medical professionalism in medical students during the clinical rotations in Peru［J］. International Journal of Ethics Education, 2016, 1 (2): 163 - 172.

［15］吴亚峻, 汪淑娟. 论高校学生生活园区德育环境的优化［J］. 邵阳学院学报 (社会科学版), 2019, 8 (2): 36 - 38.

［16］冯文全, 高攀. 论中学德育环境的功能及优化策略［J］. 牡丹江大学学报, 2017, 16 (10): 87 - 89.

［17］Brock S J. Students' conceptions of fair play in sport education (Pedagogy)［J］. Achper Healthy Lifestyles Journal, 2017, 54 (1): 11 - 15.

［18］张金凤, 胡文华, 于淼. 加强校园德育环境建设 促进学生和谐发展［J］. 国家教育行政学院学报, 2017, 14 (6): 36 - 38.

［19］吴茂森, 王建火, 吴泽武. 网络环境视野下的中小学生德育工作实效性研究［J］. 福建基础教育研究, 2016, 29 (3): 7 - 9.

［20］Woodworth J A. Promotion of nursing student civility in nursing education: a concept analysis［J］. Nursing Forum, 2016, 51 (3): 196 - 203.

［21］牟宗斌, 薛和平. 探索德育社区化构建新模式 营造学生健康成长新环境［J］. 中国农村教育, 2016, 23 (6): 20 - 22.

［22］邵荣国. 立足本位、发挥特色, 加强中职学生德育软环境建设［J］. 现代职业教育, 2016, 22 (17): 654 - 656.

［23］Barone, Thomas N. Moral dimensions of teacher - student interactions in Malaysian secondary schools［J］. Journal of Moral Education, 2014, 33 (2): 179 - 196.

［24］吴亚峻, 汪淑娟. 高校学生生活园区德育环境现状及成因［J］. 重庆

理工大学学报（社会科学版），2019，23（7）：175 – 176.

[25] Luo M，Huang W，Najjar L. The relationship between perceptions of a Chinese high school's ethical climate and students' school performance ［J］. Journal of Moral Education，2018，27（19）：1622 – 1625.

[26] 寸若标，王艳文. 营造良好的德育环境 培养健全的中小学生——试述良好的德育环境是培养健全的中小学生的前提条件 ［J］. 大理学院学报，2016，1（6）：93 – 96.

[27] 王晓芬. 打造校园文化 优化育人环境——校园文化环境育人案例 ［J］. 中外交流，2018（51）：126 – 127.

[28] 欧阳风雷. 如何实现大学校园建筑环境文化的德育功能 ［J］. 黄冈职业技术学院学报，2018，20（5）：57 – 60.

[29] 李萌，蔡云，夏丽霞. 从校园环境角度探究服务育人与大学生社会主义核心价值观培育机制——以浙江大学为例 ［J］. 科教导刊，2018，（36）：59 – 60.

[30] 曾广志，杨婉君，龙志栋. 基于以德育人的中小学和谐校园文化建设思考 ［J］. 山西青年，2019（9）：244.

[31] Katz J A，Roberts J，Strom R，et al. Perspectives on the development of cross campus entrepreneurship education ［J］. Entrepreneurship Research Journal，2014，4（1）：13 – 44.

[32] 金伟. 校园育人的"绿色"堡垒学生成长的"红色"基石——德育教育小悟 ［J］. 中学课程辅导（教学研究），2018，12（20）：70.

[33] Pinheiro R，Berg L N. Categorizing and assessing multi-campus universities in contemporary higher education ［J］. Tertiary Education and Management，2017，23（1）：5 – 22.

[34] 王玉红. 环境育人理念下的校园景观设计研究 ［J］. 安徽建筑大学学报（自然科学版），2018，26（3）：93 – 98.

[35] 张剑波. 加强校园文化建设，营造学校育人环境 ［J］. 科教导刊——电子版（下旬），2018（7）：38.

[36] 吴兴. 校园景观在特殊教育师范院校文化建设中的"育人"作用——以南京特殊教育师范学院为例 ［J］. 现代特殊教育，2018（20）：58 – 65.

［37］ 饶水根. 浅谈学校的校园文化建设与育人功能［J］. 小学教学研究（理论版），2018（2）：6－7.

［38］ Perrault E K. Campus health centers' lack of information regarding providers：a content analysis of division－I campus health centers' provider websites［J］. Health Communication，2018，33（7）：860－866.

［39］ 严晓燕，孙舒，薛小霜. 大数据环境下高职院校资助工作探索［J］. 镇江高专学报，2018，31（4）：70－73.

［40］ 尤达，刘群阅，艾嘉蓓，等. 校园绿地使用特征与环境恢复性知觉关系［J］. 上海交通大学学报（农业科学版），2018，36（6）：66－73.

［41］ Jerome A. Katz，Joseph Roberts，Robert Strom，et al. Perspectives on the development of cross campus entrepreneurship education［J］. 4（1）：13－44.

［42］ 蔡亚峰，张丽. 高校受资助学生隐性感恩教育资源的运用［J］. 学校党建与思想教育，2017（18）：54－55.

［43］ Vallance P. Higher education and the creative economy：beyond the campus［J］. Regional Studies，2017，51（3）：503－504.

［44］ 裴文思，王苏欣. 独立学院贫困生感恩与财商教育的互动研究［J］. 产业与科技论坛，2013，12（3）：157－158.

［45］ 符晗，刘海华. 贫困大学生物质资助与精神资助有机整合的对策研究［J］. 吉林广播电视大学学报，2007（5）：24－25.

［46］ 柏铁山. 新媒体环境下高职学生生存教育实践研究［J］. 常州信息职业技术学院学报，2019，18（1）：71－74，96.

［47］ 金新林. 弘扬生命教育创建平安校园——江西省宜春市樟树中学生命安全教育实践［J］. 中小学校长，2018（12）：68－70.

［48］ 张莉. 亲历测量过程培养综合实践能力——以"校园中的测量"为例［J］. 小学教学设计（数学），2018（12）：37－39.

［49］ 张骥，徐佳. 校园风险评估与能力提升工具研究——基于安全教育情景剧的实践与探索［J］. 中国应急救援，2018（5）：7－12.

［50］ Jenset I S，Canrinus E T，Klette K，et al. Opportunities to analyse pupils' learning within coursework on campus：a remaining challenge in teacher education［J］. European Journal of Teacher Education，2018，41（3）：

360 – 376.

[51] Bonacchi C. Higher education and the creative economy: beyond the campus [J]. The Journal of Arts Management, Law, and Society, 2017, 47 (3): 206 – 208.